基于社会资本视角的创业研究

Entrepreneurship Research:
Based on the Perspective of Social Capital

刘兴国 著

经济管理出版社

ECONOMY & MANAGEMENT PUBLISHING HOUSE

图书在版编目（CIP）数据

基于社会资本视角的创业研究/刘兴国著. —北京：经济管理出版社，2012.6
ISBN 978-7-5096-1925-4

Ⅰ.①基…　Ⅱ.①刘…　Ⅲ.①社会资本—关系—职业选择—研究　Ⅳ.①C913.2

中国版本图书馆 CIP 数据核字（2012）第 093009 号

组稿编辑：宋　娜
责任编辑：任爱清
责任印制：黄　铄
责任校对：蒋　方

出版发行：经济管理出版社
　　　　　（北京市海淀区北蜂窝 8 号中雅大厦 A 座 11 层　100038）
网　　　址：www. E-mp. com. cn
电　　　话：（010）51915602
印　　　刷：北京银祥印刷厂
经　　　销：新华书店
开　　　本：720mm×1000mm/16
印　　　张：14.75
字　　　数：210 千字
版　　　次：2012 年 12 月第 1 版　2012 年 12 月第 1 次印刷
书　　　号：ISBN 978-7-5096-1925-4
定　　　价：58.00 元

编委会及编辑部成员名单

序 一

博士后制度是 19 世纪下半叶首先在若干发达国家逐渐形成的一种培养高级优秀专业人才的制度，至今已有一百多年历史。

20 世纪 80 年代初，由著名物理学家李政道先生积极倡导，在邓小平同志大力支持下，中国开始酝酿实施博士后制度。1985 年，首批博士后研究人员进站。

中国的博士后制度最初仅覆盖了自然科学诸领域。经过若干年实践，为了适应国家加快改革开放和建设社会主义市场经济制度的需要，全国博士后管理委员会决定，将设站领域拓展至社会科学。1992 年，首批社会科学博士后人员进站，至今已整整 20 年。

20 世纪 90 年代初期，正是中国经济社会发展和改革开放突飞猛进之时。理论突破和实践跨越的双重需求，使中国的社会科学工作者们获得了前所未有的发展空间。毋庸讳言，与发达国家相比，中国的社会科学在理论体系、研究方法乃至研究手段上均存在较大的差距。正是这种差距，激励中国的社会科学界正视国外，大量引进，兼收并蓄，同时，不忘植根本土，深究国情，开拓创新，从而开创了中国社会科学发展历史上最为繁荣的时期。在短短 20 余年内，随着学术交流渠道的拓宽、交流方式的创新和交流频率的提高，中国的社会科学不仅基本完成了理论上从传统体制向社会主义市场经济体制的转换，而且在中国丰富实践的基础上展开了自己的伟大创造。中国的社会科学和社会科学工作者们在改革开放和现代化建设事业中发挥了不可替代的重要作用。在这个波澜壮阔的历史进程中，中国社会科学博士后制度功不可没。

值此中国实施社会科学博士后制度创设20周年之际，为了充分展示中国社会科学博士后的研究成果，推动中国社会科学博士后制度进一步发展，全国博士后管理委员会和中国社会科学院经反复磋商，并征求了多家设站单位的意见，决定推出《中国社会科学博士后文库》（以下简称《文库》）。作为一个集中、系统、全面展示社会科学领域博士后优秀成果的学术平台，《文库》将成为展示中国社会科学博士后学术风采、扩大博士后群体的学术影响力和社会影响力的园地，成为调动广大博士后科研人员的积极性和创造力的加速器，成为培养中国社会科学领域各学科领军人才的孵化器。

创新、影响和规范，是《文库》的基本追求。

我们提倡创新，首先就是要求，入选的著作应能提供经过严密论证的新结论，或者提供有助于对所述论题进一步深入研究的新材料、新方法和新思路。与当前社会上一些机构对学术成果的要求不同，我们不提倡在一部著作中提出多少观点，一般地，我们甚至也不追求观点之"新"。我们需要的是有翔实的资料支撑，经过科学论证，而且能够被证实或证伪的论点。对于那些缺少严格的前提设定，没有充分的资料支撑，缺乏合乎逻辑的推理过程，仅仅凭借少数来路模糊的资料和数据，便一下子导出几个很"强"的结论的论著，我们概不收录。因为，在我们看来，提出一种观点和论证一种观点相比较，后者可能更为重要：观点未经论证，至多只是天才的猜测；经过论证的观点，才能成为科学。

我们提倡创新，还表现在研究方法之新上。这里所说的方法，显然不是指那种在时下的课题论证书中常见的老调重弹，诸如"历史与逻辑并重"、"演绎与归纳统一"之类；也不是我们在很多论文中见到的那种敷衍塞责的表述，诸如"理论研究与实证分析的统一"等等。

我们所说的方法，就理论研究而论，指的是在某一研究领域中确定或建立基本事实以及这些事实之间关系的假设、模型、推论及其检验；就应用研究而言，则指的是根据某一理论假设，为了完成一个既定目标，所使用的具体模型、技术、工具或程序。众所周知，在方法上求新如同在理论上创新一样，殊非易事。因此，我们亦不强求提出全新的理论方法，我们的最低要求，是要按照现代社会科学的研究规范来展开研究并构造论著。

我们支持那些有影响力的著述入选。这里说的影响力，既包括学术影响力，也包括社会影响力和国际影响力。就学术影响力而言，入选的成果应达到公认的学科高水平，要在本学科领域得到学术界的普遍认可，还要经得起历史和时间的检验，若干年后仍然能够为学者引用或参考。就社会影响力而言，入选的成果应能向正在进行着的社会经济进程转化。哲学社会科学与自然科学一样，也有一个转化问题。其研究成果要向现实生产力转化，要向现实政策转化，要向和谐社会建设转化，要向文化产业转化，要向人才培养转化。就国际影响力而言，中国哲学社会科学要想发挥巨大影响，就要瞄准国际一流水平，站在学术高峰，为世界文明的发展作出贡献。

我们尊奉严谨治学、实事求是的学风。我们强调恪守学术规范，尊重知识产权，坚决抵制各种学术不端之风，自觉维护哲学社会科学工作者的良好形象。当此学术界世风日下之时，我们希望本《文库》能通过自己良好的学术形象，为整肃不良学风贡献力量。

李扬

中国社会科学院副院长

中国社会科学院博士后管理委员会主任

2012 年 9 月

序 二

在 21 世纪的全球化时代，人才已成为国家的核心竞争力之一。从人才培养和学科发展的历史来看，哲学社会科学的发展水平体现着一个国家或民族的思维能力、精神状况和文明素质。

培养优秀的哲学社会科学人才，是我国可持续发展战略的重要内容之一。哲学社会科学的人才队伍、科研能力和研究成果作为国家的"软实力"，在综合国力体系中占据越来越重要的地位。在全面建设小康社会、加快推进社会主义现代化、实现中华民族伟大复兴的历史进程中，哲学社会科学具有不可替代的重大作用。胡锦涛同志强调，一定要从党和国家事业发展全局的战略高度，把繁荣发展哲学社会科学作为一项重大而紧迫的战略任务切实抓紧抓好，推动我国哲学社会科学新的更大的发展，为中国特色社会主义事业提供强有力的思想保证、精神动力和智力支持。因此，国家与社会要实现可持续健康发展，必须切实重视哲学社会科学，"努力建设具有中国特色、中国风格、中国气派的哲学社会科学"，充分展示当代中国哲学社会科学的本土情怀与世界眼光，力争在当代世界思想与学术的舞台上赢得应有的尊严与地位。

在培养和造就哲学社会科学人才的战略与实践上，博士后制度发挥了重要作用。我国的博士后制度是在世界著名物理学家、诺贝尔奖获得者李政道先生的建议下，由邓小平同志亲自决策，经国务院批准于1985年开始实施的。这也是我国有计划、有目的地培养高层次青年人才的一项重要制度。二十多年来，在党中央、国务院的领导下，经过各方共同努力，我国已建立了科学、完备的博士后制度体系，同时，形成了培养和使用相结合，产学研相结合，政府调控和社会参与相结合，服务物质文明与精神文明建设的鲜明特色。通过实施博士后制度，我国培养了一支优秀的高素质哲学社会科学人才队伍。他们在科研机构或高等院校依托自身优势和兴趣，自主从事开拓性、创新性研究工作，从而具有宽广的学术视野、突出的研究能力和强烈的探索精神。其中，一些出站博士后已成为哲学社会科学领域的科研骨干和学术带头人，在"长江学者"、"新世纪百千万人才工程"等国家重大科研人才梯队中占据越来越大的比重。可以说，博士后制度已成为国家培养哲学社会科学拔尖人才的重要途径，而且为哲学社会科学的发展造就了一支新的生力军。

哲学社会科学领域部分博士后的优秀研究成果不仅具有重要的学术价值，而且具有解决当前社会问题的现实意义，但往往因为一些客观因素，这些成果不能尽快问世，不能发挥其应有的现实作用，着实令人痛惜。

可喜的是，今天我们在支持哲学社会科学领域博士后研究成果出版方面迈出了坚实的一步。全国博士后管理委员会与中国社会科学院共同设立了《中国社会科学博士后文库》，每年在全国范围内择优出版哲学社会科学博士后的科研成果，并为其提供出版资助。这一举措不仅在建立以质量为导向的人才培养机制上具有积极的示范作用，而且有益于提升博士后青年科研人才的学术地位，扩大其学术影响力和社会影响力，更有益于人才强国战略的实施。

今天，借《中国社会科学博士后文库》出版之际，我衷心地希望更多的人、更多的部门与机构能够了解和关心哲学社会科学领域博士后及其研究成果，积极支持博士后工作。可以预见，我国的博士后事业也将取得新的更大的发展。让我们携起手来，共同努力，推动实现社会主义现代化事业的可持续发展与中华民族的伟大复兴。

人力资源和社会保障部副部长

全国博士后管理委员会主任

2012 年 9 月

摘　要

　　本书旨在从社会资本的角度出发来研究创业活动，首先从定性角度分析了社会资本对私人资本创业、创业风险的影响；其次从定量角度把社会资本作为研究的中介变量，比较了苏南、苏北的创业差异，探讨了创业主体、社会资本、创业能力、创业战略与创业绩效之间的关系。

　　在定性研究中，首先是就社会资本对私人资本创业行为的影响问题进行深入归纳分析，分别从私人资本创业者创业机会识别与利用、创业融资两个角度探讨了社会资本对我国私人资本创业行为的影响作用。其次是基于社会资本的调节有效性，就社会资本在创业风险影响效果中的调节作用进行了探讨；通过对传统创业绩效分析框架的总结，提出了一个基于社会资本调节作用的创业风险与创业绩效分析框架，并在这一分析框架的基础上就社会资本在各类创业风险中的调节作用进行了具体的分析。

　　在定量研究中，提出了 8 个一级假设和 59 个二级假设；并利用实地调查获取的 184 份样本数据，对所有假设进行了实证检验。首先，从隐变量的角度构建了隐变量的结构方程模型，实证检验最终支持了其中的 6 个一级假设；检验结果表明，创业主体属性对社会资本、创业能力对创业绩效以及创业战略对创业绩效均存在显著影响，创业主体属性对创业能力、社会资本对创业战略、社会资本对创业绩效的影响均不显著；创业者的社会资本对创业能力具有显著影响未获检验支持。其次，利用调研所获取的样本数据，以观察变量结构方程模型为基础，研究报告对所有 59 个二级假设进行了定量检验；共有 37 个二级假设获得了实证检验的支持；其中主体文化对资本存量存在显著影响、主体年龄对创业规模存在显著影响、创业规模对财务绩效存在显著影响等 18 个二级假设获得了严格支持，主体性别对社会资本利用方式存在显著影响、主体年龄对主体行动能力存在显著影响等 9 个二级假设在将检验水平放宽到 0.1 的条件下获得了支持，10 个关于影响不显著的假设均获得了支持。

最后，全书对主要结论进行了总结，提出了一些有利于促进创业绩效改善的建议，对研究的不足之处进行了说明，并对今后的研究工作进行了展望。

关键词：社会资本　创业　比较分析　结构方程模型

Abstract

This book aims to research the entrepreneurial activity in the view of social capital. Firstly, it uses the qualitative method to analyse how the social capital impacts on private capital entrepreneurship and entrepreneurial risk. Secondly, with taking the social capital as an intermediary variable, this paper discusses the relationship among entrepreneurial main body, social capital, entrepreneurial capacity, entrepreneurial strategy and entrepreneurial performance.

In qualitative research, the first is to discuss the impact of social capital on entrepreneurial behavior of private capitalin in−depth inductive analysis. This paper explores the role of the social capital of private capital to entrepreneurial behavior from two angles, which are private capital entrepreneur's identification and utilization of entrepreneurial opportunities, and venture capital financing. Secondly, based on the validity of the regulation of social capital, the regulatory role of social capital in the venture effect is discussed. Through a summary of the traditional entrepreneurial performance analysis framework, an entrepreneurial performance and risk analysis framework is put forward based upon social capital's regulation. Using this analysis framework, the regulatory role of social capital in various ventures is discussed.

In the quantitative study, I proposed 8 first−level suppositions and 59 second-level suppositions; and then used 184 data samples gained by on-site investigation, to carry the real diagnosis examination of all suppositions. Firstly, I constructed the structural equation model from the hidden variable's angle; the real diagnosis examination supported 6 first-level suppositions. The inspection findings indicated that the entrepreneurial mainbody attribute to the social capital, the entrepreneurial capacity has remarkable influence on entrepreneurial performance as well as the entrepreneurial strategy on entrepreneurial performance; the entrepreneurial mainbody on the entrepreneurial capacity, the social capital on the entrepreneurial strategy, the social capital on the entrepreneurial performance do not have markable infuence. The supposition that the pioneer's social capital has remarkable influence on entrepreneurial capacity was not supported by the examination. Then, using the sampled data through investigation, taking the observed variable structural equation model as the foundation, I carried on quantitative examination to all 59 second-level suppositions. Altogether 37 second-level suppositions earned the real diagnosis examination's support. The suppositions that mainbody's culture has remarkable influence on the capital storage quantity, the mainbody's age existences remarkable influence on the entrepreneurial scale, the entrepreneurial scale existences remarkable influence on entrepreneurial performance, and so on 18 second-level suppositions have earned the support. In the inspection level 0.1, the suppositions that the mainbody's gender existences remarkable influence on the social capital use, the mainbody's age existences remarkable influence to mainbody's activity ability, and so on 9 second-level suppositions have earned support. And other 10 suppositions that does not have remarkable influence between variables have earned support.

Finally, I have summaried the main conclusions, and proposed some suggestions to improve entrepreneurial performance. Some research deficiencies have been pointed out, and then I have forecasted the research works in future.

Key Words: Social Capital; Entrepreneurial; Comparative Analysis; Struetural Equation Model

目　录

Contents

第一章 绪 论

第一节 研究背景与意义

企业家精神与创业活动已经成为当今世界经济的重要推动力量，一股强劲的创业浪潮已在全球范围内兴起。我国民营经济和私营企业的快速发展引起了人们对创业活动和企业家精神的重视，解决就业、大学生创业、创新型国家建设等现实问题进一步强化了人们对创业问题的关注，打造创业型经济、构造创业型社会已经成为社会和政府的共识（张玉利，2007）。

社会上对创业的关注主要表现为两个方面：其一是公众对创业问题有了更全面的认识，并在创业问题上进行了大量的实践；其二是学术界对创业问题进行了更为广泛与深入的研究，并通过各种学术机构与渠道对公众进行了创业方面的教育。清华大学发布的全球创业观察（GEM）中国报告显示，2004 年中国创业指数（百名 18~64 岁的劳动力中参与创业的人数比例）为 13.7%，排在全球 35 个受调查国家或地区的第五位。近年来，我国创业研究与教育发展十分迅速。学术界对于创业问题的研究已经自发形成七个中心：中国社会科学院突出中小企业问题研究；清华大学以 GEM 中国报告和高科技产业创业为主；中山大学管理学院以家族企业和产业集群创业等为特色；浙江大学在创业型人力资源与民营经济方面形成特色；吉林大学以创业融资为发展方向；中国人民大学以公司创业能力和创业战略视角展开研究；南开大学以创业管理的思维和行为模式、职能创新、公司创业等为研究重点。2008年，国家自然科学基金会首次把创业管理列为一个独立的学科，这也标志着创业管理正式从战略管理和组织行为等学科中分离出来，成为一个相对独立的研究领域。这些都表明，在全国社会科学界已开始形成良好的创业研究氛围。

2007年年底开始的全球金融危机最终演化成全球经济危机。2008年以来，我国企业经营环境日益恶化，社会就业压力不断增大，如何有效增强企业活力和提高就业吸纳率，成为政府所关注的核心问题；而努力推进创业，显然成为解决上述问题的关键。事实上，每一次重大经济危机，都是国际经济进行区域经济调整、进行产业结构调整与升级的重要机会，都会成为后发地区实现经济追赶的重要契机。每一次经济危机，既会导致大量弱势企业的破产，也会促生大量新企业的创立。经济的复苏，往往都以新企业的大量创设与蓬勃发展为前提与标志。因此，在当前经济环境中，开展区域社会资本与区域创业之间关系的研究，深入分析社会资本与私人资本创业、创业风险调节与创业绩效之间的关系，显然具有更为重要的现实意义。本书研究的开展，无疑将为我国促进创业发展、提高创业绩效提供一些新的思路。

第二节 研究方法与技术路线

一、主要研究方法

1. 文献分析法

文献分析法是一项经济且有效的信息收集方法。文献分析法主要工作包括搜集、鉴别、整理文献，并通过对文献的研究，形成对事物的科学认识。文献研读，一方面为本书开展深入的研究提供了重要的理论基础，另一方面也为本书提供了重要思路。本书致力于收集并研究 1990 年以来国内外相关文献，在整个研究过程中，笔者持续进行文献研读，从文献中吸收与借鉴理论和方法。有关社会资本、创业主体、创业战略、创业能力、创业绩效之间作用机制模型的提出，也依赖于文献研读的启迪。

2. 实证研究法

实证研究法，即用客观事实、数据来验证理论假设的方法。常见的实证研究法包括调查研究法、相关研究法、行动研究法。本书的研究需要进行广泛的市场调查，以掌握创业能力与社会资本的现状。本书的研究需要对社会资本、创业主体、创业战略、创业能力、创业绩效之间的各种关系在文献分析的基础上进行合理的假设，然后借助于调查所获得的数据来对各个假设进行检验，以最终确定社会资本、创业主体、创业战略、创业能力、创业绩效之间的关系。

3. 定量分析法

定量分析法是指运用现代数学方法对有关的数据资料进行加工处理，据以建立能够反映有关变量之间规律性联系的各类关系模型的方法体系。定量分析法通常与实证分析法结合运用。本书在调研的基础上，利用调研数据对社会资本、创业主体、创业战略、创业能力、创业绩效之间的关系进行定量化的研究。本书的定量研究使用 SPSS 和结构方程方法。SPSS 的统计分析功能可以确定分析指标之间的相关性；结构方程方法可以定量地确定社会资本、创业主体、创业战略、创业能力、创业绩效各指标之间的作用路径与影响作用的强弱。

二、研究的技术路线

本研究将首先进行文献的收集与处理，然后在文献分析的基础上提出研究假设与构建检验模型。有关模型所需要的数据，则通过市场调研来获取。然后，利用市场调研所获取的具体数据，代入检验模型进行计算，以验证所提出的假设的真实性。本书研究的具体技术路线如图 1-1 所示。

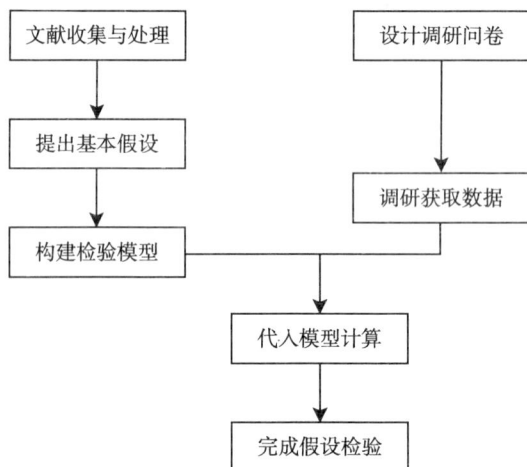

图 1-1　本书研究的技术路线

第三节 研究的主要内容

本书旨在从社会资本的角度出发来研究创业活动，因而将把社会资本作为研究的中介变量，来探讨创业主体、社会资本、创业能力、创业战略与创业绩效之间的关系。本书基于文献的回顾来建立假设模型，提出待检验假设，然后利用实地调研所获得的数据对假设进行检验，以获得研究结果。

具体而言，本书将包括以下十个部分：

第一章：绪论。该章主要是对研究背景与意义、研究方法与技术路线、研究的主要内容进行介绍。

第二章：文献综述。该章是后续研究的基础，主要是围绕研究的主题，对相关文献进行综述，主要包括以下四个方面的文献：关于一般创业研究的文献，关于创业能力最新研究进展的文献，关于创业绩效研究的文献，从社会资本视角出发的创业研究文献。

第三章：社会资本对私人资本创业的影响。该章探讨了社会资本对我国私人资本创业机会获取与利用、创业融资渠道选择等方面的影响。社会资本为私人资本创业者提供了一个更易于发现创业机会的网络，并通过提供和扩散关键信息对创业机会的评估与利用产生影响。社会资本有利于私人资本创业者拓宽创业融资渠道和加快融资速度。私人资本创业者的社会关系网络可以有效缩短创业融资时间；虽然个人关系网络中的时间节约效果相对更为显著，但通过强化私人资本创业者与投资机构之间的关系强度，可以显著弱化亲属网络的时间节约优势。

第四章：社会资本对创业风险的影响研究。创业风险是创业者不得不面对而且必须解决的一个关键问题。本书总结当前关于创业风险分类的研究成果，并在现有一般分析框架的基础上提出了一个基于社会资本调节作用的创业风险与创业绩效分析框架。通过对社会资本在各种创业风险中影响作用的分析，本书指出，社会资本的规范、信任与网络都能从各自角度弱化创业活动中的机会风险、环境风险与行为风险产生的不利影响；创业活动中的资源风险与主体风险的调节，则主要通过社会资本中的网络来完成。

第五章：定量研究设计。该章包括两个部分：首先是分别对创业者主体属性、社会资本、创业能力、创业战略与创业绩效五个隐变量，以及相对应的14个观察变量进行介绍与概念界定；其次是在文献总结的基础上，提出相应的研究假设。

第六章：研究数据的收集与基本分析。该章首先对研究对象、研究问卷设计与研究数据的收集进行了必要介绍，然后对研究样本的分布情况进行分析，最后对研究数据做必要的简单分析。

第七章：区域创业活动比较研究。该章基于问卷调研数据，分别从区域社会资本差异、区域创业能力差异、区域创业战略差异、区域创业主体差异四个方面，对苏南、苏北的创业活动进行定量比较。

第八章：隐变量作用机理的实证分析。该章首先在简要介绍结构方程模型的基础上，根据第三章的研究结论建立结构方程模型，并利用研究数据对模型进行检验和计算隐变量作用路径系数；其次对各隐变量作用路径的检验结果进行具体的分析，总结基于隐变量的实证检验结果。

第九章：观察变量作用机理的实证分析。该章以隐变量的一级假设为基础来对具体观察变量之间的作用路径进行检验，因而分别从主体属性对社会资本的影响、主体属性对创业能力的影响、主体属性对创业战略的影响、社会资本对创业能力的影响、社会资本对创业战略的影响、社会资本对创业绩效的影响、创业能力对创业绩效的影响、创业战略对创业绩效的影响八个角度来对 59 个二级假设进行检验，并对观察变量的检验结果进行必要的分析。

第十章：研究结论与建议。该章首先对本书的主要结论进行了总结，其次根据研究结论提出一些有利于促进创业绩效改善的建议，最后对研究的不足之处进行说明，并对今后的研究工作进行展望。

第二章　文献综述

本章旨在对与研究主题相关的文献进行必要的回顾，以作为后续研究开展的基础。本章将分别从一般性创业问题、创业能力研究、创业绩效分析以及基于社会资本的创业研究四个角度，对前期的国内外研究文献进行总结。

第一节　关于一般性创业问题的研究

狭义创业是指创业者依自己的想法及努力工作来开创新事业，包括新公司的创立、组织中新单位的成立，以及提供新产品或新服务，以实现创业者的理想；而广义创业是指创业精神（陈东娇和周兴，2007）。Timmons 认为，创业是一种思考、推理和行为方式，这种方式是机会驱动、注重方法和领导相平衡。Drucker 认为，创业是一种行为，其主要任务就是变革。Stevenson 认为，创业是追逐并捕捉机会的过程，这一过程与创业者当时控制的资源无关。全球创业观察[①]（GEM）认为，创业是依靠个人、团队或一个现有企业来建立一个新企

---

① 全球创业观察（GEM）是研究国际水平企业家每年创业的学术活动。开始于伦敦商学院（London Business School）和巴布森学院（Babson College）的合作，当时研究的是 1999 年 10 个国家的创业活动，2009 年研究了 56 个国家的创业活动。

业，例如自我就业、建立一个新的业务组织或一个现有企业的扩张。Ronstadt（1984）认为，创业是创造增长财富的动态过程。

创业研究积累了大量的宝贵经验和丰硕的理论成果，但到目前为止，研究对象基本都是以发达市场经济国家为主，对发展中国家的研究明显不足。[①] 尽管创业已经成为促进我国经济发展、增强经济活力不可或缺的要素，但我国开展创业研究的时间并不是很长。关于创业问题的研究，现在已形成一股强劲的热潮，正在不断深化，逐渐融入管理学科的主流范畴。企业创业理论的研究主要包括三个方面：一是研究创业者行动的结果，这可以认为是一种创业分类研究；二是研究创业者本身，如创业者的背景、价值、动机以及创业行动的原因，这实质上是有关创业者特质的研究；三是创业者如何创业即创业过程的研究，包括创业过程的要素和影响创业过程的因素分析、企业创业与企业绩效的关系、企业创业的诱致因素及其与企业创业成功之间的关系、企业创业过程与组织特性的互动等方面的研究。而对于宏观层面的区域创业问题，一直以来并没有给予足够的关注，这也为本书研究的开展留下了必要的空间。

最早从学术意义上研究创业活动的是美国的一些教育机构和学者。美国第一次创业学术会议于 1970 年在普渡大学召开，此后该会议每 5 年召开一次（Cooper、Hornaday 和 Vesper，1999）。自 1987 年《管理科学》正式开辟创业研究专题以来，许多学者对创业问题给予了更多的关注（Shane，1997）。他们从各自的学科出发，运用不同的理论观点对一些相关的问题做出了积极的探索。但是，因为创业研究涉及多领域、多学科，在具体的研究中各学科采用的理论观点和关注的研究焦点都有所不同。当前主要的创业理论有：Kent、Khilstrom 等的经济理论；McClelland、Brockhaus、Baron 等的个性心理与行为理论；

---

① 李志刚：《继承式裂变创业的扎根理论方法研究》，《中国海洋大学学报》（社会科学版）2007 年第 2 期。

Greenfield、Strickon 等的生态理论；Tiessen、Mueller 等的文化阐释；Aldrich、Clarke 等的伦理背景；Conner、Busenitz 等的资源观以及 Dubini、Aldrich 等的网络观。当然也有许多学者尝试去调和其中的一些理论。他们或专注于企业家的特征（Hills，1997；Timmons，1999；杨俊和张玉利，2004；张滟，2007），或专注于社会文化环境对创业的影响（Deborah，2002；Christopher 和 Kent，2003；江敏，2006；潘九根，2006），或专注于创业者在一定环境下的创业过程和结果（Romanelli，1989；Hammers，1993；Hannu Littunen，2000；张玉利，2004）。Shane（2000、2001、2003）所做的一系列研究试图围绕创业机会建构一个整体的创业理论，但并没有取得他本人所期望的结果。

Venkataraman（1997）对国际创业研究领域的成果进行了全面总结，认为创业作为一个研究领域，就是要寻求理解未来产品和服务诞生的机会怎么被发现、创造和利用，由谁以什么样的结果发现、创造和利用。Venkataraman（1997）指出，创业研究领域关心的核心问题是：①在一个经济体中，创造一个未来产品和服务的机会为什么会出现，在什么时候出现，以及如何出现。②为什么一些人能够发现并利用机会，而其他人则不能或不会，以及他们在什么时候、怎样发现和利用这些机会。③对机会的发现和利用者及其他风险承担者，甚至整个社会，对该机会利用的经济、心理和社会结果是什么。Venkataraman（1997）认为，创业研究学者应该特别关注机会的来源和机会与创业者个体的关联；但创业研究往往忽略了对未来产品和服务的机会来源的研究，而且一个现实的问题是，究竟是什么将实施创业活动的个体与那些没有实施创业活动的个体区分开来。Venkataraman 的观点显然成为了 10 年来全球创业研究的基本框架，理论研究解决了 Venkataraman 所关注的大量问题，但显然并没有解决他所提出的全部问题。尤其是关于创业者与非创业者的区分问题，至今我们也没有得出一个非常确定的结论。

我国创业研究虽然起步较晚，但随着学术研究与教育的发展，目前基本上已经形成了以蔡莉教授、李垣教授、姜彦福教授、张玉利教授、王重鸣教授、李新春教授等为核心的一些创业研究小组。张玉利等（2003~2007）归纳了创业层面的研究、创业环境与创业活动的关系研究、基于创业机会的创业研究框架等方面的研究成果；指出创业管理研究的边界、维度、连续性、方法以及创业管理与传统管理的关系等需要解决的关键问题；预测了创业管理研究的趋势；认为机会和新企业生成是创业研究的核心主题。蔡莉（2006~2008）对创业环境、创业资源利用和创业机会识别等问题进行了研究，并从网络视角构建了创业环境的基本体系和分析框架。姜彦福等（2001~2006）研究了创业理论的基本架构、创业机会特征与识别、创业战略选择等问题，认为识别和选择创业机会是一个动态过程，并没有什么绝对权威的机会评价标准，在 Timmons 的机会评价框架下，提出适合中国创业者进行非正式评价或投资人在进行尽职调查前快速评估创业机会的 10 项关键指标序列。李新春等（2004）研究了高科技创业的地区差异问题，认为高科技产业发展的本质在于企业家的创业精神，但在我国的高新技术园区并没有真正形成这一创新集群机制；分析结果显示，各个地区之间的高科技创业在重要特征变量上存在显著差异，地区间存在的资源禀赋、经济发展水平与经济政策差异是造成高科技创业地区差异的主要影响因子，而且在不同类别的地区和不同时期，这些因子的影响度存在一定的差异。刘忠明等（2003）从认知的角度研究企业创立的过程，探讨企业家的创业动力和增长愿望受到了哪些因素的影响以及它们是如何发生作用的，有利于更加深入地认识企业家认知过程的本质及其对创业的影响。鲁波（2003）通过一个微观创业决策模型，展示了企业家创业与金融发展之间更丰富的内在联系，分析了金融机构监督成本与企业家创业之间的联系。谢雄标（2004）探讨了创业信息资源管理的理论、基本原则、对象和管理要点，为创业者创业资源管理提供了思路。朱仁宏、曾楚宏和李孔岳（2008）指出，虽然目前国内的创业研究也呈现快速发展的势头，但许多研究还在讨论企业家特征和企业家精神等问题，仍然把属于主流管理理论范畴的问题作为创业问题来研究，没能把握创业现象的特殊本质。

第二节　创业能力研究的最新进展

总体来说，无论是国内还是国外，关于创业能力研究的专题文献都比较缺乏；而且绝大多数的文献都侧重于从教育的角度来探讨创业能力的培养问题。在英文中，创业能力并没有统一的翻译表述，通常被表述为三个不同的词组：Entrepreneurial Competency，Entrepreneurial Ability 和 Entrepreneurial Capability。这方面的研究同样是散落在其他的研究主体之中。至于区域创业能力的研究，更是难以找到相应的文献。

当前学术界有关创业能力的研究主要从个体的角度研究创业能力产生和发展的过程。创业能力的形成受客观创业基本要素、主观创业经验组成及创业途径选择的影响。国内外相关文献的研究表明，诸如社会环境、文化价值和个人因素会强烈地影响到创业能力产生和发展的过程。Gartner（1990）认为，丰富的工作经验、创业经历与创业的成功强相关。Bhave（1994）在他的企业创建模型中特别强调机会识别过程，在这一过程中，创业者将整合知识、经验、技能和其他市场所需的资源。Gatewood（1995）提出，对创业者的研究重点应放在行为研究而不是静态的特征研究上，因为创业者行为对创业能力有着决定性的影响作用，认为个人效能较高及创业计划较好的潜在创业者有较高的创业成功率。Shane（1996）考察了 1899~1988 年美国创业率的变化，验证了宗教信仰、利率、风险偏好、经营失败率、经济增长以及人口年龄分布对创业率有影响，并证明创业率的变化受到技术变化的驱动。Sampath Rao（1997）认为，财务机构用以确保创业成功的常规技术忽视了人的因素；基于企业家精神发展的培训实践，他提出了一个创业能力指数的衡量框架，并在此基础上提出了创业发展的四阶段战略。Hills（1998、1999）认为，商业机会的识别和开发对创业起到核心作用，认为创意是发现机会的基础。蒋乃平（1999）从创业教育的角度研究了创业能力形成问题，指出创业意识是创业能力形成的动因，创业品质是创业能力形成的前提，创业知识是创业能力形成的基础。Shane（2000）指出，应该以创业机会为主线来研究创业活动，认为发现机会的必要的优先信息和评价机会的认知特征会影响人们识别创业机会，从而影响到创业主体的创业能力。Chandler 和 Per Davidsson（2002）对新创企业的机会识别过程进行了分类。John Mullins（2005）认为，创业者的创业技能、资金来源、风险偏好及风险感知能力影响创业决策。Ikenna Uzuegbunam（2006）鉴别了创业能力发展的两个重要机制——创业认知与创业社会网络，认为创业能力认知取决于创业者对机会的积极寻找、对机会的警觉与先前的创业经验，创业社会网络依赖于创业者从他所在的网络中学习的能力；当创业者和创业企业拥有了创业能力，他们将更容易取得创设新企业的成功。宋建修（2007）对创业者的创业意识进行了研究，认为创业意识规定了创业者的行为方向，创业意识制约着创业能力的形成和发展。宋维平（2007）认为，创业能力主要包括创业意识、创业素质、创业技能、创业知识四个方面的内容，而创业意识则是构成创业能力的基础。

国内目前有一些关于区域创业环境、创业政策体系等方面的研究，但并没有人有针对性地就区域创业能力进行系统的研究。与区域创业能力研究较为接近的文献包括两个方面：一是关于城市创业能力的研究；二是关于农村创业能力的研究。

王燕梅（2005）提出了"城市创业能力"的新概念。城市创业并不是政府办企业，而是政府促进城市经济的高速、协调发展，提升城市的产业竞争力。王燕梅从城市经济发展的协调、创业环境的建设、创业政策的设计、产业结构的合理化、产业布局的科学化、创业资源的积蓄等方面对北京市的城市创业能力进行了研究，从研究内容看，其所谓的城市创业能力归根结底表现为政府的创业能力。吴群德（2007）以泉州市为对象，从营造城市创业文化、降低创业成本、推进人才与技术创新、加强创业保障和创业管理体制创新等角度研究了如何提升创业型城市的创业能力问题。

中国科协"新农村建业创业能力研究"课题组（2007）认为，建设创业型新农村、培养创业型新农民、积极引导和大力推进农村创业活动是提高农村自身发展能力，加快社会主义新农村建设的根本途径。课题组的研究结论指出，我国农村创业能力低、创业资金匮乏、创业支撑保障体系不健全、政策支持力度缺乏、农民创业动力没有充分激活；在不同地区，农村创业能力发展存在不平衡的现象。宋维平（2007）指出，当前有90%以上的企业是由农民创办的，农民已经成为我国创业的主力军；我国新农村建设重在全面提升农民作为创业主体的创业能力。王登举（2007）的实证调查表明，我国东部地区创业农户的比例最高，达到了8.9%；西部地区次之，为5.7%；中部地区最低，仅有5.6%。这表明我国农村创业能力存在着区域差异。

第三节　创业绩效研究文献综述

创业理论研究的最终目的在于增加企业创业成功率，提高企业的创业绩效。但是，学术界对于如何考量和测评创业的结果，却存在很大的认识分歧。而且，创业绩效是否显著也存在判断的模糊性和认知的异质性，绩效评价指标同样存在很大的差异。尽管如此，学者们还是努力从学术规范的角度不断探讨和研究创业绩效的指标评价体系，以期能够将各种差异化的指标体系纳入一个统一的理论框架。

一、创业绩效的测量指标及评价

财务与非财务测量指标体系。学术界一般将财务指标作为创业绩效的主要测量工具。[①] 常用的具体财务指标有速动比率、流动比率、净收入、现金流以及投资回报率等，还有如常用的平均年销售量、平均年资产回报率、平均年销售回报率等。由于企业一些动态无形资产及价值不能够由单纯的财务数据指标体现出来，因而，学者们逐渐在财务绩效测量指标之外综合考虑企业创业的运营绩效，如产品质量、市场份额，以及顾客满意度、企业声誉和商业公众形象等（Venkataraman 和 Ramanujam，1986；Hofer，1978；Kaplan，1983；Attahir Yusuf，2002）。

单一指标与多重指标绩效考量。Murphy 和 Hin（1996）回顾了 1987~1993 年发表的 51 篇以创业绩效为应变量的实证性研究论文，整理出了八项绩效考核指标（效率、成长、利润、规模、流动性、成败、市场占有率、杠杆），并将这些财务指标重新分类，概括为以组织效能为主的财务指标、以强调市场占有率或产品质量特性为主的操作性指标和以综合性衡量为主的多重成分指标三大类。Ucbasaran 等（2001）指出，大部分的创业绩效研究都以量化的财务绩效来检视和验证创业企业是否生存，但是实证研究者却使用客观财务指标或问卷调研方

---

① 张骁在《公司创业精神、市场营销能力与市场绩效的关系研究》中指出，大多数测量都将财务绩效作为企业绩效的测量标准。在后面所提到的多项研究中，财务绩效也被当作创业绩效测量的主要指标。

式获得的非财务指标来衡量企业成长与绩效，两者之间的研究存在差异性。

从创新的角度衡量创业绩效。一些学者从创业的本质概念着手，认为创新应该为创业最核心的特质之一。因此，判断一个公司创业绩效的时候，就应该看它是否比同行业其他公司更多地推出新产品，或者是开拓了新市场（Schollhammer，1982）。但有关创新绩效的指标选取同样存在很大争议，在这方面，经济合作与发展组织（OECD）做出了建构性的贡献。从 20 世纪 80 年代开始，OECD 就开始积极推进创新绩效指标的建立，其提出的两项创新绩效指标：创新产品销售收入占总销售收入的比例以及产品生命周期各个阶段里的企业销售收入受到普遍的应用。然而，由于对产品生命周期无法准确划分，因而产品生命周期销售收入难以评价，这一指标便较少被后人采用。

生存绩效与成功绩效。绩效衡量作为创业研究判断的重要依据之一，而仅采用财务指标来衡量创业绩效略显不足。因此，部分学者考虑是否可以将创业的不同阶段进行划分并分别进行绩效的测量。Chrisman、Bauerschmidt 和 Hofer（1998）考察创业绩效的各种影响因素之后，认为可以尝试从创业生存和成功两个维度对创业绩效进行测量。鉴于创业失败率如此之高，因此，企业创业生存下来并持续经营首先就是一件很伟大的事情，生存可以作为衡量一个新创企业绩效的绝对指标。延续该思路逻辑，创业成功则可以作为一个相对指标来测量创业企业绩效，新创企业持续地为社会创造价值方能称为成功企业（Bamey，1991），尽管学术界对创业成功的界定标准还不统一。

解决该问题的途径之一是可以考虑将创业家的初始创业动机与目标纳入创业者的主观衡量绩效之中。例如，将个人对于创业目标达成度、满意程度以及个人主观判断指数等纳入创业绩效的考察范畴（Cooper 和 Artz，1995）。于是，一些学者开始尝试除了用一些客观财务数据指标来衡量创业绩效之外，直接利用企业家或高层管理者的主观评价来判断创业的绩效。Wall、Michie 和 Patterson（2004）专门利用不同的主观和客观的测量来研究比较企业绩效问题，研究结果表明，主观与客观评价方法对创业绩效最终的判断并无显著性差异。在创业绩效的评价方法上，客观绩效数据收集和主观评价法都被研究者所采用，但是采用客观数据的研究较多。Murphy（1996）在其研究中总结，在已发表的研究中，75%的研究都采用了客观数据指标，29%的研究采用了主观评价指标，6%的研究同时采用了以上两种来源的数据指标。Wall（2004）对英国制造业及服务行业的 3 个独立样本分别进行企业财务绩效测量，结果显示，主观评价数据与客观绩效数据呈显著正相关，这说明主观评价法对企业绩效的测量具有较好的聚合效度；主观与客观测量法分别测得的同一维度绩效之间的相关性要系统的显著强于用同一测量方法（主观的或客观的）测得的不同维度绩效之间的相关性，这说明主观评价法对企业绩效的测量具有较好的辨别效度。还有一些研究者认为，创业者的满意感也可以作为创业绩效的评价指标，因为创业者的满意感一方面将会直接影响其是否愿意继续从事现有的创业活动；另一方面也可以直接影响创业者与其雇员及商务伙伴的工作效率。

二、创业绩效的影响因素

关于企业家创业绩效的影响因素的研究相当多，其中最具有影响力和代表性的是 Chrisman（1998）等的研究结论，他们基于资源依存理论和资源基础理论，通过引入创业资源的维度，拓展了新创企业绩效决定要素模型。陈忠卫和郝喜玲（2008）通过对 206 位企业高管成员的实地访谈和 179 份有效问卷的数据分析，指出创业团队、企业家精神与公司绩效具有显著正相关关系。郭进青（2004）研究认为，对民营企业的创业与发展而言，其创业团队的合作行为与合作方式对创业绩效影响显著。此外，创业企业家胜任力、个人行为特征等都对企业创业绩效具有正相关效应。Bateman 和 Grant（1993）认为，企业家行为具有一定的前瞻性，能够识别机会并采取行动，而且在发现机会后可以迅速加以开发，这种特质不但会影响创业意图的形成，而且也会对新企业的销售业绩产生影响。

行业结构影响因素。行业结构影响因素主要包括行业的结构性特征，如行业部门、进入壁垒、所处的生命周期、行业的竞争水平等。Robinson（1998）认为，行业所处的生命周期阶段是新企业绩效最重要的决定因素。曹廷求、孙文祥和于建霞（2004）考察了行业成长机会、企业资本结构、股权结构与公司绩效的关系，认为三者对公司绩效都有显著影响。MacDougan 等（1994）通过对行业的成长期对创业绩效的影响关系进行实证分析，认为创业企业在高成长性的行业的效益较高于低成长行业的效益。Kunkel 和 Hofe（1991）的研究发现，行业的进入壁垒及时间周期不仅会直接影响创业企业进入的难易度，同时也是威胁创业企业最初几年生存的重要因素。

Zahra 和 Garvis（2009）在对海外企业的研究中发现，公司的创业精神与海外公司的总体绩效存在显著的正相关关系。吴军民（2005）通过对广东南海专业镇的行业协会组织进行案例研究，认为行业协会的存在及组织运作有利于企业创业与成长。

企业战略因素。迈克尔·波特（1997）指出，对新建企业而言，其竞争战略可能与成熟企业战略不同，因为新创企业的首要目的是生存问题，应选择一种创业机会导向的企业生存战略。张映红（2008）通过实证研究了公司创业战略倾向与绩效关系在动态环境中的表现，研究结果显示，动态环境对公司创业战略与绩效关系之间存在调节效应。李新春等（2008）对百年老字号李锦记的企业做案例剖析，研究认为，家族企业战略创业与企业家创业精神的传承对企业绩效关系重大，且成绩斐然。薛红志（2005）将竞争战略作为影响创业导向与绩效关系的一个重要变量进行研究，认为在对创业实施差异化战略的企业里，创业导向对企业创业绩效的最终结果会产生显著影响。沈超红和罗亮（2006）通过对五家创业型企业的总经理进行访谈和案例分析，认为核心技术、团队结构和战略定位三大关键因素直接影响创业的绩效。

资源因素。Chrisman（1998）在拓展的创业绩效模型中重点分析了创业资源因素对创业绩效的影响关系。在创业初期，创业者特征、创业者能力、社会网络都作为特定的资源，可以大致分为六种不同类型的资源：物质资源、声誉资源、组织资源、财务资源、智力资源以及技术资源（Bergmann 和 Brush，2001）。但是，初创企业可利用的资源十分有限，就连那些已经获得快速成长的新企业也难以吸引它们所需的人才、资金和其他资源（Penrose，1950；Aldrich 和 Glinow，1992）。而且，创业的动机大部分是因为贫穷，因而贫穷推动型的创业比较多（张玉利和杨俊，2003），其可利用资源条件更是可想而知。因此，客观资源条件迫使创业者必须采取有别于成熟企业的行为策略。秦志华和刘艳萍（2009）认为，创业是创业者拓展资源整合能力的过程，必须发现机会，开发资源，从而形成契约，创业者关于盈利方法的直观判断及利用资源的方式直接影响企业绩效。

第四节　基于社会资本视角的创业研究现状

一、相关研究综述

社会资本理论是本书研究的中介变量。社会资本观是在研究社会网络现象的基础上发展起来的，主要考察网络结构和内嵌关系性资源对经济活动的影响。基于社会资本观的创业理论认为，创业就是通常所说的网络行为（Birloy，1984）。基于社会资本观视角的创业研究认为，因价格机制失灵而导致的不确定性和不完全信息给创业者留下了创新空间，创业者可以利用自己的关系网络来获取相关信息，从而识别和把握创业机会。这启迪我们深入思考一个重要问题：如果区域社会资本存在差异，对价格机制失灵所创造机会的利用能力必然存在区域差异，从而影响到区域创业能力和区域经济发展。

社会资本观的创业研究分为两个学派：组织社会学学派和经济社会学学派。前者着重于网络分析，考察网络结构如何影响创业机会与创业行为；后者认为网络结构性资源和关系性资源，如信任和规范等，同时影响着创业者的创业活动。组织社会学学派的代表人物是芝加哥大学社会学家 Burt。Burt 从结构洞理论出发，提出了创业研究的三个假设：从连接结构洞的个体横截面看，具有强联系的社会资本越丰富，创业的可能性越大，创业成功的可能性也越大；创业者拥有的社会资本越多，企业就越有可能摆脱困境；创业者拥有可利用的强联系社会资本越多，创业成功的可能性也就越大。经济社会学学派的学者们目前还没有将目光投向创业研究领域，但他们的研究将会对创业研究的发展产生深远影响（朱仁宏和陈灿，2005）。他们不仅考虑了网络的结构性资源，还考虑了内嵌于网络中的关系性资源；而对创业者来说，结构性社会资本和关系性社会资本是他们借以识别和利用创业机会的重要资源。本书的研究，将从经济社会学学派的思路出发，将社会资本理论引入到对区域创业问题的研究，同时考察网络的结构性资源和关系性资源对创业活动的影响。

自 1985 年社会资本被引入到创业活动的研究中以来，西方学者取得了大量的研究成果。1985～1995 年，学者们将社会资本引入到对创业活动的研究中来，主要侧重于企业家社会资本正面作用的研究。20世纪 90 年代中后期，学者们深化了对企业家社会资本功能的认识，探讨了社会资本的负面作用（Portes，1998；Leana 和 Van Buren，1999）。从 21 世纪初开始，学者们探索了企业家社会资本对创业活动的其他作用机制，企业家社会资本对创业动机、成长欲望等创业心理的影响受到关注，成为西方相关研究的前沿问题。

Casson（1982）认为，创业者擅长于对稀缺资源协调的判断，因为他们取得信息的渠道和能力优于别人；Brown 和 Rose（1993）特别指出了创业者的财务网络、信息网络与信任网络对影响和形成创业战略的重要作用。D'Arcy 和 Giussani（1993）认为，就企业创立与发展来说，其关键的地域性因素包括地域性企业家精神、社会网络、创新环境、产品因素的灵活性和制度结构。Venkataraman（1997）指出，社会资本确实会帮助降低创业者的逆向选择和道德风险；创业研究必须考虑创业者发展社会资本的能力，因为不同的能力决定了创业者成功与否。Burt（2000）认为，"对大多数创业者来说，他们最重要的资源是错综复杂的个人网络"。Jianwen Liao 和 Harold Welsch（2003）研究了社会资本的结构维度、联系维度和认知维度对技术型企业家与非技术型企业家成长欲望的不同影响。Carolis 和 Saparito（2006）建立了一个关于社会资本、企业家认知和创业机会三者联系的模型，他们认为，社会资本中的结构洞、信任、强联系以及共同的编码和语言等会导致企业家过度自信、控制幻觉和代表性等非理性特质，而这些特质降低了企业家对风险的认知，正是这种较低的风险认知导致企业家更容易发现、利用创业机会。Wouter Stam 和 Tom Elfing（2006）研究了社会资本在企业家倾向与创业表现之间的关系。Ikenna Uzuegbunam（2006）利用认知法与社会网络方法，对创业者所识别的机会如何在他的网络中创造其他利基机会的问题进行了研究。Aldrich 和 Kiln（2007）认为，社会网络理论是了解创业者战略行动的一种重要分析工具，并利用理性过程模型和人际关系模型对创业团队的构建问题进行了研究。Roel Rutten 和 Frans Boekema（2007）指出，区域社会资本来自企业在社会关系区域网络中的嵌入，他们认为，社会资本决定了区域创新网络的功能绩效，可以用来解释区域经济发展的差异。Kwon

Seok-Woo 和 Arenius Pia（2008）从社会资本视角出发，利用 GEM 的个别数据研究了不同国家的创业问题，结果发现，具有高的一般信任和广泛正式组织成员关系的人员更容易发现创业机会。张玉利和杨俊（2003）在对创业家创业行为的调查中发现，被调查的创业家普遍认为社会资本对成功创业是重要的。林剑（2006）通过案例研究分析了社会网络对创业融资的作用机制，发现社会网络通过信息机制、互惠机制和文化认同机制对创业融资活动产生重要的影响。周奎君（2006）研究了在中国特定社会资本结构环境中，创业者在资金筹措、信息获取等方面的途径选择问题。

二、创业者对社会资本的利用研究

创业社会网络资本可以理解为一种工具，亦可以理解为一种生态网络，还可以理解为企业基于合作竞争理念而采取的特殊竞争方式。对创业者来说，加强对其社会资本的利用，将是其创业成败的关键；因而，在研究领域中，创业者社会资本的利用问题也受到了特别的关注。

Brown 和 Rose（1993）特别指出了创业者的财务网络、信息网络与信任网络对影响和形成创业战略的重要作用。D'Arcy 和 Giussani（1993）认为，就企业创立与发展来说，其关键因素包括地域性企业家精神、社会网络、创新环境、产品因素的灵活性和制度结构。Abell、Crouchley 和 Mills 的实证分析表明，许多对创业成功产生影响的因素均可以纳入企业家个人社会资本的分析范围。Hills 等（1997）发现，50%的创业者通过其社会关系网络发现了创业机会。Portes（1998）指出，社会资本可能产生"搭便车"现象，从而阻碍创业活动的开展。Murray B. Low 和 Eric Abrahamson（1998）指出，在萌芽期产业、成长期产业以及成熟期产业中，企业家创业需要具备不同类型的网络：在萌芽期产业中，为了获得合法性，企业家需要与两个或更多的非重叠网络保持强联系；在成长期产业中，企业家需要与地位高的个体保持广泛的联系以便迅速利用资源；而在成熟期产业，成功的创业者是那些具有广泛的产业知识和社会联系的人，他们能够提高运作效率，识别细分市场。Shane 和 Venkataraman（2000）发现创业者是否开发所发现的创业机会，受其所感受到的来自相关关系网络支持程度大小的影响，因为个人社会网络能增强创业者抗击创业风险的信心与能力。Burt（2000）认为，"对大多数创业者来说，他们最重要的资源是错综复杂的个人网络"。Jianwen Liao 和 Harold Welsch（2003）研究了社会资本的结构维度、联系维度和认知维度对技术型企业家与非技术型企业家成长欲望的不同影响。Jianwen Liao 和 Harold Welsch（2003）将行业变量作为情境变量，研究了网络特征对技术型企业家与非技术型企业家创业的不同影响。Kristiansen（2004）通过对坦桑尼亚港口城市坦噶（Tanga）的木材业中 12 家小型新创企业案例的研究发现，社会网络的质量对创业者取得创业资源的能力具有明显影响，广泛、多样化和动态的社会网络能为创业者提供获取不同种类资源的通路。在创业融资活动中，一个突出的现象是外部资金主要来源于创业者既有的社会网络成员。Carolis 和 Saparito（2006）建立了一个关于社会资本、企业家认知和创业机会三者联系的模型，他们认为社会资本的某些内容会导致企业家过度自信、控制幻觉、代表性等非理性特质，而这些特质降低了企业家对风险的认知，正是这种较低的风险认知导致企业家更容易发现、利用创业机会。Davidsson 和 Honig（2003）对居住在瑞典的 30427 人进行了大样本的、长达 18 个月的跟踪研究，他们认为，创业者的社会资本与成功完成企业创立活动呈正相关关系。Natalia Weisz、Roberto S. Vassolo 和 Arnold C. Cooper（2004）将动态因素引入定量研究中，研究了在企业孕育阶段不同类型社会资本对创业团队表现的影响。Ikenna Uzuegbunam（2006）利用认知法与社会网络方法，对创业者所识别的机会如何在他的网络中创造其他利基机会的问题进行了研究。Wouter Stam 和 Tom Elfing（2008）将企业创办时间与企业规模作为控制变量，研究了社会资本在创业倾向与创业表现之间的调节作用。全球创业观察 2005 年的报告显示，在 34 个参与调查的国家和地区中，2003 年新创企业的外部资金提供者有 49.4%来自紧密的家庭成员，26.4%来自朋友和邻居，7.9%来自同事，6.9%来自其他亲戚，6.9%来自陌生人。

国内在社会资本与创业关系方面的研究相对较少。张玉利和杨俊（2003）的调查研究发现，在成功创业者的融资渠道选择上，单一融资方式中源于企业家社会关系网络的融资比率显著高于其他融资方式，如风险投资和金融机构融资等。周奎君（2006）研究了在中国特定社会资本结构环境中，创业者在资金筹措、信息获取等方面的途径选择问题。李霞等（2007）研究了社会资本对创业导向和创业绩效的中介效应，得出了社会资本与创业导向、企业绩效正相关的结论。萧伟森和鲍琼利用对 17 个创业者进行深度访谈的 12 个案例，探讨了中国创业者如何认知并诠释其关系网络，以及他们在创业过程中如何管理并发展其关系网络，还证明了中国的社会、经济、制度、文化环境会对创业者网络行为产生重要的情境化影响。中山大学的王珺、姚海琳和赵祥把社会资本区分为个人关系资本和集群网络资本，研究了在相对静态条件下两种资本与获得创业成功之间的关系。香港科技大学 Zweig 教授的有关研究也发现，海归的社会资本对海归创业的成功有很重要的相关性。社会网络在发现机会、检验构想以及为构建新组织积累所需资源等方面相当重要。尤其在我国转型期背景下，市场经济制度尚不够完善，关系网络是社会资源配置的重要方式之一。杨俊（2008）认为，创业者应当依据创业机会特征的不同，适当选择社会资本利用方式，这将有助于创业成功。尹传高（2010）指出，高新技术企业在创业过程中，不仅依赖于高新技术企业的人力、技术、设备、知识等经济资本，而且更加依赖于高新技术企业创业社会资本这一重要的隐性资本。成功的高新技术企业懂得如何创造和构建有效的社会网络，通过开发高新技术企业与政府部门、合作伙伴、供应商、客户等利益相关者网络中的隐性资本，来寻找创业商机、减少机会成本，从而扩大高新技术企业财富；风险投资与战略联盟合作伙伴的选择、市场契机的洞悉、新客户的发现等，往往都来源于高科技企业对其创业社会资本的甄别和有效利用。高新技术企业创业的成功与否与创业社会资本的利用息息相关。

三、社会资本对创业绩效的影响研究

社会关系网络是异质性信息与资源的重要来源，创业者的社会资本水平不仅决定其发现机会和实施创业活动的可能性，而且影响着其在创业过程中获取外部支持的水平，从而决定着创业绩效。

Birley S. （1985）、Aldrich H. 和 Zimmer C. （1986）等学者从社会资本角度理解创业活动的产生及其绩效。Birley（1985）、Aldrich 和 Zimmer（1986）等人借鉴社会学中社会资本、社会网络概念，进行了一些具有开创性的创业研究，引导学者们从社会资本的角度理解创业活动的产生及其绩效；部分学者（如 Hansen，1995）研究认为社会资本带来较高的创业绩效，另一部分学者（Kenneth W. Olm，1987；Aldrich 和 Reese，1993）则得到了不同甚至相互对立的结果。Lerner 等（1997）对以色列的妇女创业进行了研究，发现创业者的社会网络联系与企业的盈利显著相关，并且发现创业者与一个网络联系与盈利高度相关，而创业者与多个网络联系对收入有负的影响。Hansen（1995）发现，在新企业创立后的第一年里，创业者与之联系的网络规模及网络活动的强度与新企业的成长正相关。Honig（1998）对牙买加 215 个小企业的研究发现，社会资本对提高企业利润有帮助，对企业的成功起重要作用。Peng（2002）的研究也发现，血缘网络对私人企业的创建和成长有利。Lechner 等（2003）发现，创业者通过不同的网

络关系实现企业的成长：创业阶段，创业者的社会网络和声誉网络对解决资源的问题极为重要；企业成立后，营销网络发挥更大的作用；随着企业的发展，技术问题成为企业的核心问题；成熟阶段达到了网络能力的极限，如何调整网络结构应对未来发展成为问题的关键。

李霞等（2007）研究了社会资本对创业导向和创业绩效的中介效应，得出了社会资本与创业导向、企业绩效正相关的结论。萧伟森和鲍琼利用对 17 个创业者进行深度访谈的 12 个案例，探讨了中国创业者如何认知并诠释其关系网络，以及他们在创业过程中如何管理并发展其关系网络；他们证实了构成创业能力的两个重要战略维度（网络适应与外部资源依赖性），根据创业能力的差异区分了四类创业者网络形态，并且证明了中国的社会、经济、制度、文化环境会对创业者网络行为产生重要的情境化影响。杨俊和张玉利（2008）探寻新企业成立前的活动对创业初期绩效的影响作用，以挖掘创业者社会资本特征与创业机会属性之间的内在联系为依托，阐述社会资本影响创业初期绩效的两条路径：①创业者利用社会资本的水平，通过决定其资源整合的效率和效果来影响创业初期的绩效。②创业者利用社会资本的方式与创业机会特征之间的交互作用，共同影响创业初期的绩效。张玉利（2008）指出，创业者面对资源整合的社会资本利用方式，与创业机会特征之间存在着特殊的匹配关系，而且这种匹配关系会影响到创业绩效。

第五节　本章小结

本章分别从一般性创业问题、创业能力研究、创业绩效分析与基于社会资本的创业研究四个角度对前期的国内外研究文献进行了总结。

（1）本章围绕一般性创业话题，对相关文献进行了综述。总结了创业研究的起源与发展过程，提炼了 Aldrich、Shane、Venkataraman、张玉利等关于一般创业研究的主要观点，介绍了国内关于创业研究发展的现状。

（2）本章对国内外关于创业能力研究的最新进展进行了介绍。在相关综述中分别介绍了创业能力的概念界定，创业能力研究的两个基本角度，简要总结了 Gartner、Shane、Chandler 等关于创业能力影响因素的研究成果，以及介绍了国内当前关于区域创业能力、城市创业能力研究的主要成果。

（3）本章对创业绩效的有关文献进行了回顾。首先对创业绩效的测量指标与评价方面的文献进行了回顾，分别从财务与非财务测量指标体系、单一指标与多重指标绩效考量、创新衡量、生存绩效与成功绩效等角度对创业绩效测量文献进行了总结；其次分别从行业结构因素、企业战略因素、资源因素的角度对有关分析创业绩效影响因素的文献进行了总结。

（4）本章对基于社会资本视角的创业研究文献进行了回顾。首先介绍了从社会资本视角对创业问题进行研究的一般性成果；其次介绍了有关创业者如何利用社会资本方面的有关文献；最后对社会资本影响创业绩效的文献进行了总结。

第三章 社会资本对私人资本创业的影响

改革开放以来，我国民营经济获得了快速发展，已经成长为我国国民经济的一支重要力量。如何进一步推动私人资本创业，加快民营经济健康发展，已经成为当前理论界与政府共同关注的热点问题。本章将从我国私人资本创业机会获取与利用、创业融资渠道选择两个方面来探讨社会资本对私人资本创业的影响。

第一节 问题的提出

改革开放以后，我国私人资本[①] 经过了一个从少到多、从小到大的发展过程。目前，私人资本已经在我国经济体系中占据重要地位。[②] 对私人资本相关问题的研究，已经引起了学术界的广泛重视。但迄今为止，有关私人资本的研究，更多的是侧重于私人资本发展问题，而

[①] 广义的民营企业是指除国有企业、国有资产控股企业和外商投资企业以外的所有企业，包括个人独资企业、合伙制企业、有限责任公司和股份有限公司。狭义的民营企业仅指私营企业和以私营企业为主体的联营企业，本书采用民营企业的狭义含义。基于这一特定含义，本书将我国民营企业的创业问题解释为自然人个体的创业问题。

[②] 2007年，刘迎秋在《中国社会科学院报》上撰文指出，我国民营经济对GDP的贡献已经达到50%。2005年，全国工商联发布的《中国民营企业发展报告》称，2004年，我国民营企业对国民经济的贡献率超过60%。这些数据表明，我国民营企业在国民经济体系中已经占据重要地位。

对我国私人资本的创业问题则较少涉及。在西方学术界，20 世纪 80 年代以来，社会资本理论开始被用于创业研究领域，并被逐步引入企业创业行为分析范畴。国内关于创业和社会资本关系的研究，无论是在时间上，还是在研究范围与质量上，都与西方学术界有一定的差距。虽然西方私人资本的经济属性与我国私人资本具有较显著的相似性，但不可否认的是，我国私人资本受到中国经济社会环境的影响，从而表现出某些特殊属性。与西方发达国家的公平创业环境相比，在我国当前经济环境中，私人资本、境外资本和国有资本在创业活动中明显处于竞争不对等的地位;① 与境外资本和国有资本相比，私人资本的创业环境处于较差水平。为了实现自己的创业梦想，私人资本创业者必须设法摆脱外部创业环境的不利影响，社会关系网络的积极作用显然让私人资本创业者看到了从创业环境困境中突围的希望。因此，从社会资本的角度出发，针对我国私人资本这一特殊对象来研究其创业行为，具有十分重要的理论意义与实践意义。

第二节　社会资本对私人资本创业机会
识别与利用的影响

创业机会是指有吸引力的、较为持久的和适时的一种商务活动空间。Shane（2003）将创业机会定义为一个人经由重新组合新资源来创造一个新的方法—结果（Means-ends）架构，并相信能够从中获取利

① 在当前我国经济环境中，国有资本在创业与经营活动中具有民营资本所不具备的优势，能获得更多政策支持，也更容易获取信贷支持。由于各地政府对外资企业采取了大量优惠措施，外资创业往往享有超国民待遇。这一现状使得民营资本在事实上往往处于竞争的劣势。在美、日、英等国，国有资本与境外资本并不享有特权，与私人资本在竞争中居于同等地位。一些主管机构已经认识到这一现状的不合理性，正在努力改变现状，致力于建立一个公平的创业环境。

润的行为；Shane（2000）认为创业的本质就在于发现、获得并开发机会。一般认为，创业者的创业机会来自五个方面：问题、变化、创造发明、竞争、新知识新技术的出现。理论研究所形成的共识是，创业者个人社会资本存量影响其对创业机会的发现、判断与利用。与国有资本创业活动能获得来自行政渠道的各种支持相比，私人资本的创业更多地依赖于创业者对创业机会的主动识别与利用。

一、社会资本有助于私人资本创业者发现创业机会

Aldrich 和 Zimmer（1986）认为，社会网络联系着创业者、创业机会与创业资源；Christensen 和 Peterson（1990）认为，除深厚的市场与技术知识以外，社会交往中发现的问题是创业机会的主要来源；Hills 等（1997）发现，50%的创业者通过其社会关系网络发现了创业机会；Shane 和 Venkataraman（2000）发现，创业者是否开发所发现的创业机会，受其所感受到的来自相关关系网络支持程度大小的影响，因为个人社会网络能增强创业者抗击创业风险的信心与能力。在当前我国特定经济环境中，基于私人资本创业者在我国社会中的低层次与低地位，[①] 社会关系网络对私人资本创业者来说显然具有更为重要的作用，个人社会关系网络是其创业机会的核心来源。

从创业者的角度来说，社会资本提供的是一个更易于发现创业机会的网络。从社会资本观的角度来说，因价格机制失灵而导致的不确定性和不完全信息给创业者留下了更广阔的创新空间，创业者可以利用个人社会关系网络更方便地从中获取相关信息，从而识别创业机会。但对私人资本创业者来说，能否准确识别创业机会，受到私人资本创

[①] 基于历史原因，民营企业家在国内的地位一直都比较低，不受人尊重。在美国，私营企业主与影视明星一起居于社会最高层；而在我国，私营企业主阶层排在国家与社会管理阶层、经理人阶层之后。无论是与其实际收入层次相比，还是与美国的阶层排名相比，我国民资资本创业者，即私营企业主，显然处于社会的低层次与低地位。

业者现有知识、对创业机会信息的了解程度等因素的影响，而其个人社会资本显然对知识与创业机会信息的获取存在直接影响。与国有企业的创业者相比，私人资本的创业者大多来自低文化层次人群，其知识相对更为缺乏。不过创业者的知识并非与生俱来的；知识是通过在特定社会网络环境中长期生活与学习而积累起来的，特别是那些感性认识中的隐性知识，更是直接来自其所参与的各种关系网络之中。私人资本的创业者通过拓展其社会关系网络，显然可以在很大程度上弥补其在知识上的先天不足；而且创业者卷入社会关系网络的程度，决定了他可能从该网络中获取知识的内容与范围。私人资本创业者卷入特定网络的程度越深，可能从该网络获取的知识也就越多，因为网络专属知识往往只在网络内部进行扩散，尤其是内部隐性知识，更仅限于在网络核心成员之间进行传播。海归人员之所以表现出更强的创业倾向，不仅是因为他们带回了发达国家的先进技术和管理理念，同时，他们在海内外所建立起来的社会关系网络也为他们的创业活动提供了重要的知识基础，而深厚的知识积淀无疑提高了海归人员分析市场信息和准确判断市场机会的能力，进而帮助他们更好地识别出潜在的创业机会。

对创业机会信息的了解程度，对创业机会的识别有积极的影响。所谓创业机会信息，即那些隐含着潜在创业机会的各种信息。经常能够接触到丰富创业机会信息的潜在创业者，具有一般人所不能比拟的机会敏感性，从而能快速识别与捕捉创业机会。国有资本创业往往可以利用行政渠道或既有国有资本的信息占有优势来获得创业机会信息；但对私人资本的创业者来说，他们很难通过行政渠道来获取信息，也不存在利用既有经济主体信息资源的可达路径。所以，对私人资本的创业者来说，通过建立与发展个人社会关系网络来获取创业所需的机会信息，成为其可能的、必然的选择。私人资本创业者的社会关系网络越是发达，他所能获得的创业机会信息与决策支持信息也就越多，从而帮助他正确做出创业与否的决策，并降低创业的风险；因为当私人资本创业者深度卷入特定行业网络中时，网络中基于信任而形成的特定的知识与信息传播机制使他能够从中获得更多的关于特定产品市场需求态势、行业发展趋势甚至行业生产技术与诀窍的深度知识，从而帮助他准确地从纷繁复杂的信息中识别特定领域中所存在的创业机会。一般来说，私人资本创业者先前的个人关系、工作背景等决定了他可能进入的社会关系网络的性质与内容，从而决定了他可能获得的创业机会信息的内容与结构。正是基于这一原因，私人资本创业者总是更倾向于进入那些自己有比较熟悉的社会关系或与其原来职业相关的行业，因为他可以更容易地在既有基础上来构建自己的个人社会关系网络，并从中获得他所需要的、更全面的创业机会信息。也就是说，具有丰富工作经验和复杂个人关系网络的私人资本创业者更容易获取创业机会信息，并从中发现自己所寻求的创业机会。

二、社会资本有助于创业者评估与利用创业机会

创业者的社会关系网络是私人资本创业者获取创业机会评估信息的关键渠道，因为社会资本不仅可以帮助私人资本创业者更好地发现创业机会，社会资本也通过提供和扩散关键信息以及其他一些重要资源对创业机会的评估与利用产生积极影响。创业机会的识别只是为私人资本创业者提供了创业的可行基础，私人资本创业者还必须慎重、全面地对创业机会进行评估。对创业机会进行评估前，私人资本创业者需要收集与创业机会有关的各种信息，包括与创业机会相关的市场需求信息、价格与成本信息、技术变化趋势信息和行业政策信息等。私人资本创业者也许可以从公开的外部渠道获得一些这方面的信息，但在当前经济社会环境中，私人资本创业者作为一个力量单薄的个体，其公开信息的自我获取能力是相对有限的。此外，私人资本创业者往往也很难从行政渠道获得创业所需要的全部信息支持。此时，一个包

括该行业人员在内的社会关系网络，尤其是包含行业内现有企业中高层管理者在内的社会关系网络，可以为私人资本创业者提供更为全面的信息支持。当私人资本创业者深度卷入某一行业网络中时，他能够及时获取评估创业机会所需要的市场需求信息、价格与成本信息、技术变化趋势信息和行业政策信息，从而对创业机会的利用前景做出准确判断，以尽可能降低创业风险和避免创业活动的失败。而且，基于网络内部的信任关系，私人资本创业者个人关系网络内的成员往往成为其创业计划酝酿阶段讨论与咨询的对象；因此，个人社会关系网络不仅可以为私人资本创业者提供评估创业机会所需的信息，而且可以通过讨论与咨询的方式协助创业者一起完成对创业机会的评估，以及帮助创业者完善他们前期提出的不太成熟的创业设想。

此外，一个具有盈利前景的创业机会，并不会对所有创业者都表现出相同的可利用价值。创业机会的利用效果，受到创业者机会利用能力和机会利用方式的共同影响。真正能够利用创业机会的，往往只是那些具有特殊机会利用能力并且能够采取正确机会利用方式的创业者。对私人资本创业者来说，这种特殊的机会利用能力往往与其现有社会资本存量具有密切的正向联系。尤其是在我国当前经济环境中，社会关系网络作为一种特殊的创业资源，显然对私人资本创业者的创业机会利用有着重要影响。一般来说，私人资本创业者的机会利用能力受到以下几个方面的综合影响：首先，创业机会利用能力取决于私人资本创业者在创业机会利用过程中所能控制和调度的各种创业资源的数量；其次，创业机会利用能力受到私人资本创业者在机会利用过程中可能获得的外部支持程度的影响。私人资本创业者所能支配的创业资源越丰富，创业机会利用能力也就越强；私人资本创业者在创业机会利用过程中可能获得的外部支持度越高，其表现出的机会利用能力也越强。私人资本创业者卷入社会关系网络的程度，显然对私人资本创业者支配创业资源和获取网络成员的创业支持具有显著的正向促进作用。因此，具有广泛社会关系网络资源的私人资本创业者，能够通过个人社会支持网的支持作用，相对更为容易地实现自己的创业梦想和新创业企业的发展。特别是对高新技术型私人资本创业而言，由于其很多知识都无法从外部公开市场获得，并且在使用过程中仍然对技术的提供者存在着很强的依赖性，创业者与技术提供者之间网络关系的紧密程度对创业机会的利用显得更为重要。

创业者创业机会利用方式直接表现为创业者对创业资源的利用方式。个人社会关系网络的广泛性与可用性，只是为创业者创业提供了一个重要的基础条件；从条件属性看，不是成功创业的必要条件，更不是成功创业的充分条件。对于那些拥有相同质量、相同规模社会关系网络的私人资本创业者来说，其创业成功与否首先取决于其所利用的创业机会本身的基本属性；其次取决于其对创业资源的利用方式，包括对个人社会关系网络资源的利用方式。个人社会关系网络资源这一专属性创业资源在所有创业资源中占有非常重要的地位，并且对其他创业资源的利用具有支配作用。因此，在特定创业机会情况下，私人资本创业者利用个人社会关系网资源的基本方式，成为决定其创业活动成败的关键。从私人资本创业者利用社会资本的主被动角度来看，可以将其利用方式分为三种，包括主动开发型利用、网络调度型利用和被动支持型利用；从私人资本创业者利用社会资本的远见性角度来看，可以将其利用方式分为资本增值型利用和资本消耗型利用两类。主动开发型利用可以进一步扩展私人资本创业者的社会关系网络，增加其社会资本存量，提升其对创业资源的利用能力，进而提高其创业成功的概率。网络调度型利用往往只关注对创业者现有社会关系网络资源的主动利用，而忽视了创业机会有效利用对新关系资源的需求，这必然带来一定程度的局限性，从而影响到私人资本创业者利用创业机会的实际效果。在被动支持型利用状态下，创业者并没有认识到个人社会关系资源对创业机会利用的支持作用，而只是被动地接受了来自个人社会关系网络对其创业行为的支持；而这一支持模式在事实上往往是一次性的，至少是非持久性的。资本增值型利用强调创业者在社会资本的利用过程中，要进一步加强与现有关系网络的关系强度，同时应该致力于拓展自己的个人社会关系网络范围，以确保个人社会关系网络资源在利用过程中的存量增长，确保创业经营的可持续性。对个人社会关系网络资源进行消耗型利用的创业者，其行为带有明显的短期性特征，缺乏持续发展的远见意识。对私人资本创业者来说，要想有效利用创业机会，必须对个人社会资本采取主动开发型利用和资本增值型利用策略。

第三节　社会资本对私人资本创业融资的影响

私人资本创业者在创业过程中遇到的主要问题就是资金问题，在新创企业发展过程中也会遇到资金问题。新创企业的成功与否，在很大程度上受到发展资金的影响。有大量文献对私人资本创业融资问题进行了探讨，相关研究中也纷纷提出了一些解决私人资本创业融资问题的建议。综合有关文献的研究成果，在当前我国经济环境中，私人资本创业者进行创业融资的途径包括以下五种：银行贷款、风险投资、民间私人资本、典当融资①和融资租赁。

私人资本创业融资活动中的一个突出现象是，外部资金主要来自私人资本创业者既有的社会网络成员；一些非针对性的研究结论为这一现象提供了数据支持。Shane 和 Cable（2002）考察了 202 名

---

① 从创业融资的实际情况看，目前应用面最广的典当融资项目是创业融资宝。创业融资宝主要针对"4050"人员及希望自主创业的社会青年群体，允许其通过将自有合法财产或在有关法规许可下将他人合法财产进行质（抵）押的形式，获得创业所急需的开业资金、运转资金和经营资金。

从事种子期投资的创业投资者、创业者以及他们之间社会关系对投资决策的影响。研究结果表明，拥有高紧密度网络的创业者更能推动金融投资决策；而且横向研究发现，同创业者与投资者没有建立直接关系的新创企业相比，投资者更可能投资于与创业者以前有直接关系的新创企业；如果新创企业的创业团队与同创业投资者有关系的第三方预先建立过关系，则更有可能为他们的新创企业取得外部融资。张玉利和杨俊（2003）的调研发现，在中国情境的创业者融资渠道选择上，单一融资方式中源于企业家社会关系网络的融资比率显著高于其他融资方式，如风险投资和金融机构融资等。可见，社会网络对私人资本创业融资活动具有很大影响。本书将从融资渠道选择和融资时间节约两个角度来探讨社会资本对创业融资的影响。

一、社会资本对私人资本创业融资渠道的影响

如何有效拓展创业企业的融资渠道，一直以来都是政府政策制定和学术研究所关注的重要课题。国有资本创业可以通过行政渠道来获得创业资金，也可以凭借政策支持或政府信用较容易地从银行获得信贷资金。但对私人资本的创业者来说，显然不具备这种可能。即便是在公开的资金借贷市场，基于放贷机构对贷款资格的严格控制以及对抵押担保的众多要求，私人资本的创业者也很难从这一渠道获得其创业所需的启动资金。

大量的创业实践表明，私人资本创业者的社会关系网络对新创企业融资渠道选择具有决定性的影响；但私人资本创业者的社会关系网络并不仅局限于他们的亲朋网络。全球创业观察的研究结果简单地从外部特征描述了创业资金的来源，并没有去识别网络成员的机构或职位特征；张玉利和杨俊的研究则人为地将个人社会关系网络和风险投资和金融机构视作对立主体，将风险投资和金融机构作为一个整体完全排除在个人关系网络之外。对私人资本的创业者来说，其个人社会

关系网络其实具有非常丰富的内涵。首先，从社会支持网络角度看，私人资本创业者的个人社会关系网络包括情感支持网络、工具支持网络与社会交往支持网络等内容；其次，从网络主体属性关系看，私人资本创业者的个人社会关系网络既包括个体关系网络，也包括机构关系网络。风险投资和金融机构显然属于机构关系网络的范畴，可以从机构层面对私人资本创业者的创业行为提供支持。显然，私人资本创业者社会关系网络的内容，决定了私人资本创业者将会向谁寻求创业融资支持。当私人资本创业者的社会关系网络仅局限于个体关系范围时，他将更多地倾向于利用基于信任的个体关系网络尤其是亲属网络来筹措创业资金；而且当私人资本创业者的个体关系网络中包含了金融机构或其他投资机构的决策人或影响者时，私人资本创业者也有可能选择从机构渠道融资，亲属网络则退居次要地位。如果私人资本的创业者拥有强机构关系网络资源，风险投资公司和金融机构等将会成为其重要的创业融资渠道。也正是因为如此，那些在投融资机构担任重要职务的人员，成为一种非常重要的稀缺资源；潜在的私人资本创业者都非常重视利用一切可能的机会来建立和发展与投融资机构个人或机构层面的关系，以便为以后可能发生的资金借贷奠定必要的关系基础。

一些简单的表象可能误解了我们对私人资本创业者创业融资渠道选择倾向的判断。前文中所提到的那些非针对性文献，虽然确实提供了一些关于创业者创业融资渠道选择的统计数据，但这种仅停留在表面现象描述的统计似乎并不能真正揭示创业者创业融资的渠道选择偏好。投资理论通常认为，作为新创企业，由于缺乏信用记录，创业者通常无法赢得风险投资家和金融机构的信任；即使是在金融体系非常发达的美国，也只有不到千分之一的新创企业能够在创立期筹集到所需要的风险资本（Bygrave，2002）。正是基于这样一些定性分析和定量数据的支持，研究者们得出了创业融资具有强亲属网络偏好的结论。

但从笔者对多个民营企业创业者的访谈看，这样的结论似乎并不完全符合事实。虽然大多数私人资本创业者在自有经济资本不足以满足创业启动资金需求时，事实上都选择了求助于其家庭、亲戚、朋友和熟人为创业提供资金支持；但这并非他们的本意。几乎所有的私人资本创业者在创业融资筹划时都曾经考虑过寻求金融等投资机构资金支持的可能，但最终多数创业者都放弃了他们最初的想法。因为对私人资本创业者来说，在他们创立企业之前，很少有机会和金融投资机构发生个人或机构层面的关系，因而也就不可能在他们之间建立个人或机构关系网络。显然，在创业资金筹措过程中，说服个人社会网络内成员进行投资通常要比说服陌生投资者的效率高很多；所以，私人资本的创业者无奈地放弃了寻求金融机构或风险投资机构资金支持的努力，共同地转向寻求来自那些他们能够很方便地通过个人社会关系网络就能触及的亲属或朋友的支持。如果地方政府或其他组织能够建立一种机制，或者搭建一个平台，让那些潜在的私人资本创业者能够很方便地建立起他们与金融机构或投资机构之间的关系网络，当前私人资本创业融资的渠道结构一定会发生显著的变化。此外，私人资本创业者在创业筹资过程中，也需要逐步建立起一种新观念，即使与私人资本创业者有直接关系的网络成员无法提供资金，私人资本创业者也应该继续挖掘这些网络成员所认识的其他人中是否有合适的投资者，并争取获得网络成员的推荐；因为这种推荐关系往往能够为被推荐的潜在投资者提供关于私人资本创业者的信任基础。也就是说，对私人资本创业来说，与个体社会支持网络存在关联的弱关系连带也能为创业融资提供重要支持。

二、社会资本对私人资本创业融资时间的影响

关于创业融资时间的研究，一直都没有成为创业研究所关注的主题，也没有专门的文献就社会资本对创业融资时间的影响问题进行探

讨。在当今复杂的经济环境中，创业机会稍纵即逝。对创业者来说，发现机会固然重要；但创业的成功与否还同时受到创业者对创业机会的准确把握与利用的影响，其中时间是一个关键因素。国有资本创业也许可以凭借其国有性质，通过行政支持来快速获得创业启动资金；但对私人资本创业者来说，无论是向个体关系网络中的成员寻求融资支持，还是向机构关系网络中的投融资机构筹措资金，私人资本的创业者都需要经历一段相对较长的时间来完成初始投资资金的筹措工作。为提高创业成功的概率，私人资本的创业者必须尽量缩短创业准备时间，以最快的速度将产品或服务投向市场；因为随着时间的快速流逝，原来的创业机会可能会迅速变成可怕的创业陷阱。

私人资本创业者的社会关系网络显然可以有效缩短创业融资的时间。投资者出于对资金安全的考虑，往往需要一段相对比较长的时间来做出一个至少他自己看起来是合理的投资决策。对私人资本创业者来说，一项重要的工作就是尽可能缩短投资者的投资决策时间，从而为自己赢得宝贵的创业机会利用时间。社会资本显然可以在其中发挥重要的积极作用。从社会资本作用机制来看，社会资本对创业融资时间的影响主要通过信任机制来实现。社会资本除了直接表现为人与人之间所构建的、具有可见性的社会关系网络之外，网络内部各成员之间的彼此信任也是社会资本的一个重要内涵。信任是一种鼓励、是一种力量，也是最值得珍惜的稀缺资源。显然，与向非网络成员融资相比，网络内部的信任机制显著提高了私人资本创业者的可信度和可接受性。无论是来自创业者个体关系网络的投资人，还是来自机构关系网络的投资人，都会从网络信任中得出对私人资本创业者的一般信任判断，从而在心理认知层面无意识地提升对私人资本创业者所提交的创业计划书或创业设想的可信度评价。毫无疑问，对创业计划书或创业设想的信任有利于加快对投资项目的审查与评估，从而推动完成投资决策程序。所以，私人资本创业者利用其社会关系网络来获取创业资金，能够简化创业融资手续，降低融资交易费用，缩短创业融资时间，从而确保创业者能够在最短的时间内筹集到必要的资金以迅速组建企业。因此，单纯从时间角度看，程序繁琐的金融机构与风险投资公司往往并不是某些私人资本创业者的最佳创业融资选择，即使创业者的社会关系网络中有他们的存在；因为等他们按部就班地完成考察、评估、讨论与决策的复杂程序以后，私人资本创业者所发现的创业机会往往早已流逝。即便是私人资本创业者最终选择了向程序繁琐的金融机构或风险投资公司融资，私人资本创业者的个人社会关系网络也能对融资工作起到积极的推动作用。首先，如果私人资本创业者的个体关系网络中包含金融机构与风险投资公司的成员，这些成员将因为基于网络内部的信任而积极推动投资项目的考察、评估、讨论与决策，从而有效缩短创业融资的时间。其次，如果金融机构与风险投资公司等整体上作为私人资本创业者的机构关系网络而存在，这种组织间的信任关系也能对投资决策程序起到积极的推动作用，从而缩短私人资本创业者的融资时间。

虽然个人关系网络和机构关系网络都能够有效缩短创业融资的时间，但从实际的时间节约效果看，社会资本对创业融资时间的影响，在个人关系网络中表现得比机构关系网络更为明显。所以，基于筹资时间的考虑，为了快速把握和利用创业机会，私人资本创业者也会优先考虑寻求来自手续简单、快捷有效的亲属网络的融资支持，然后才考虑向机构投资者筹措创业启动资金。不可否认，正是因为不同筹资对象在筹资时间方面的差异，导致了私人资本创业者在事实上更多地选择了与自己具有亲近关系的亲属网络来筹措创业资金。但这种时间效果可能是不确定的。一方面，随着个人投资者投资行为的日趋谨慎，亲属网络成员的决策过程会相对复杂化，决策时间会有所延长；另一方面，通过对投资决策流程的优化，或加快项目投资考察、评估等工作速度，私人资本创业者向机构投资者进行融资的时间也会明显缩短。

机构投资者投资决策流程的优化与决策过程的缩短，既需要各级政府的积极推动，也需要机构本身不断强化对私人资本创业扶持工作的重视。此外，通过进一步强化私人资本创业者与机构投资者之间的社会网络关系，提高机构投资者卷入私人资本创业网络的程度，也有助于推动机构投资者投资决策流程的优化与决策过程的缩短。显然，随着亲属网络融资时间绝对优势地位的逐步丧失，机构投资者的资金规模优势和投资的非情感化、不会形成情感负债的优势将会逐步显现；在此基础上，私人资本创业者创业融资渠道结构将发生显著变化，机构投资者将会逐渐成为私人资本创业融资的重要来源。

第四节　本章小结

私人资本是当前我国经济的主要组成部分，对我国经济发展起到至关重要的作用。大量文献对私人资本的发展问题给予了关注，但有关社会资本对私人资本创业行为的研究并不多见。本章从定性角度出发，就社会资本对私人资本创业行为的影响问题进行深入归纳分析。本章分别从私人资本创业者创业机会的识别与利用、创业融资两个角度探讨了社会资本对我国私人资本创业行为的影响作用。

本章研究结论认为，对我国私人资本创业者来说，社会资本对创业机会的识别与利用具有重要影响。社会资本不仅决定了私人资本创业者创业机会的获取，而且对创业者创业机会的评估与利用也有重要影响。社会关系网络是私人资本创业者创业机会的核心来源。社会资本为私人资本创业者提供了一个更易于发现创业机会的网络，因为社会关系网络可以提供更广泛的知识和创业机会信息，帮助创业者更好地识别创业机会。一般来说，丰富工作经验和复杂个人关系网络有助于私人资本创业者发现创业机会。创业者的社会关系网络是私人资本创业者获取创业机会评估信息的关键渠道；因为社会资本通过提供和扩散关键信息以及其他一些重要资源对创业机会的评估与利用产生积极影响。当私人资本创业者深度卷入某一行业网络中时，他能够及时获取评估创业机会所需要的各种信息，从而对创业机会的利用前景做出准确判断。但一个具有盈利前景的创业机会，并不会对所有创业者都表现出相同的可利用价值。创业机会的利用效果，受到创业者机会利用能力和机会利用方式的共同影响。具有广泛社会关系网络资源的私人资本创业者，更容易通过个人社会支持网的支持作用来实现创业设想。本章从私人资本创业者利用社会资本的主被动角度将其利用方式分为主动开发型利用、网络调度型利用和被动支持型利用；从私人资本创业者利用社会资本的远见性角度将其利用方式分为资本增值型利用和资本消耗型利用。对私人资本创业者来说，采取主动开发型利用和资本增值型利用策略有助于提高创业成功的概率。

　　创业资金是私人资本创业生死攸关的基础，缺乏资金的支持，私人资本创业者根本无法去实现自己的创业设想。私人资本创业者的社会关系网络可以有效帮助创业者解决其所面临的资金短缺问题。社会资本不仅可以帮助私人资本创业者拓宽创业融资渠道，也可以加快私人资本创业者的融资过程。当前我国私人资本创业融资主要选择个人亲属网络的主要原因并不是因为彼此之间存在的血缘关系，而是基于私人资本创业者其他网络资源的缺乏和不同网络类型之间融资时间差异的缘故。如果私人资本创业者个人社会关系网络中只包含个体关系网络，其往往更多地局限于利用个体关系网络为创业活动筹措资金；如果其个人社会关系网络中包含金融机构和风险投资公司等机构关系网络，则私人资本创业者会寻求通过金融机构或风险投资公司来筹措创业资金。无论私人资本创业选择何种渠道进行创业融资，其个人社会关系网络都可以在筹资过程中起到积极推动作用，从而有效地缩短创业融资时间；而且对不同网络类型而言，社会关系网络对融资时间缩短的影响效果并不一样，个人关系网络中的时间节约效果相对更为显著。但通过政府的推动、机构投资者对私人资本创业扶持重视程度的提升，以及通过强化私人资本创业者与投资机构之间的关系强度，可以有效推动机构投资者投资决策流程的优化和投资决策过程的缩短，从而弱化亲属网络在私人资本创业融资中所表现出来的时间节约优势，进而增强私人资本创业者在创业融资时对机构融资渠道的选择。

第四章　社会资本对创业风险的影响研究

一个经济体的创业活力，直接决定着经济体的发展速度。鼓励创业已经成为政府推动经济发展的一个重要工具。但对创业者而言，在追求未来预期收益的同时，不得不面对各种不确定性所带来的风险。作为一个创业者，必须知道采取何种措施可以有效降低创业风险。社会资本这一变量，在一定程度上可以对创业风险起到调节作用。本章将在社会资本、创业风险和创业绩效的综合分析框架下，分别探讨社会资本对创业机会风险、创业资源风险、创业主体风险、创业环境风险与创业行为风险的调节作用。

第一节　问题的提出

目前，创业理论体系仍然是由学者各自积累的学术碎片所组成，创业研究作为一个学术领域仍处于青春期。由于存在理论和实践的真空地带，创业理论需要解决的问题还很多，其中最值得关注的是创业风险的研究。对创业风险的界定，目前学术界也没有统一的观点；大多数国内外学者都只针对自己所研究的领域来界定，并没有提出统一的概念。Timmons 和 Devinney 将创业风险视为创业决策环境中的一个重要因素，其中包括处理进入新企业或新市场的决策环境以及新产品的引入。赵光辉主要从创业人才角度界定创业风险，认为创业风险就是指人才在创业中存在的风险，即由于创业环境的不确定性，创业机会与创业企业的复杂性，创业者、创业团队与创投资者的能力与实力的有限性，而导致创业活动偏离预期目标的可能性及其后果。① 一般而言，我们可以把创业风险理解为由于新创企业内外部多种原因而造成创业活动失败的可能性。

要取得创业的成功，创业者在创业决策与创业行为实施过程中都必须加强对创业风险的管理，目前有关研究的关注点主要在于对创业风险产生原因的分析，冀图通过原因查找来避免创业风险的发生。通过直接消除风险根源的方法来控制风险，无疑是一种非常正确有效的风险管理方法，但我们不得不面对一个事实：有些创业风险产生的原因并不一定如我们所愿能够被消除。当风险不可避免地产生的时候，创业者该如何去弱化风险的影响？有没有一些可控的调节变量，可以用来对创业风险进行调控？20 世纪 80 年代，西方就开始了对社会资本理论的广泛研究，目前这一理论也在国内取得了丰富的研究成果。从社会资本的功效分析看，社会资本的存在应该能够对创业风险的不利影响产生一定的调节作用。基于这样一个思路，本章提出了研究课题，并试图探讨社会资本在各种不同创业风险中的调节作用效果。

---

① 刘湘琴、章仁俊：《创业及创业风险研究视角述评》，《商场现代化》2008 年第 31 期。

第二节　新创企业的主要风险

有关创业风险的研究大多停留在创业投资公司创业投资风险的研究层面，站在创业企业角度对创业风险的研究还比较少。国内外学者创业风险研究所关注的问题是一样的，但研究角度存在差异。国外学者更多的是从创业风险承担者出发，研究创业者的风险倾向，寻找创业者愿意冒险创业的原因；国内学者更关注创业风险产生的原因，并运用现有方法对具体创业风险进行评估以及提出相应的风险控制措施。

在国外学者中，Gerosa 和 Nasini（2001）以太空产业为分析对象，对其创业风险进行了分析，并将创业风险管理视为太空产业管理中的一项新挑战；Barker、Harrell 和 Todd（2002）提出了基于模拟现金流量分析创业风险的方法；Ruping 和 Zedtwitz（2001）提出了孵化器风险管理方法；此外，还有学者从投资者角度运用新制度经济学的分析方法研究创业企业的风险治理理论。

国内学者从创业风险来源及构成的角度对创业风险进行研究。陈震红和董俊武（2003）认为，创业环境的不确定性、创业机会与创业企业的复杂性、创业者、创业团队与创业投资者的能力与实力的有限性是创业风险的根本来源，创业过程中往往会存在融资缺口、研究缺口、信息和信任缺口、资金缺口、管理缺口等，这些缺口导致了创业风险的产生。李志能、郁义鸿和罗伯特·希斯瑞克（2000）认为，创业风险产生的形式依赖于创业领域，创业风险通常由财务风险、精神风险和社会风险三个方面构成。黄海燕和刘霞（2008）认为，新创企业风险主要包括微观层面的团队、资源、技术、组织管理、市场营销与信息沟通等风险，中观层面的市场波动、行业环境与宏观经济等风险，宏观层面的政策法规、社会环境和自然条件等风险。赵海林和郑垂勇（2004）指出，创业资本家和创业者之间存在信息不对称，创业者许多状态和行动都保持着非观测性和非核实性，因而导致了道德风险问题；道德风险普遍存在于创业投资整个过程中，是造成创业投资风险的主要原因之一。

新创企业的风险分类研究已经取得了一些共识性的研究成果，现有文献就创业风险从以下三个角度进行区分：首先，按照创业风险来源的主客观性，有关文献将创业风险划分为主观创业风险和客观创业风险；其次，按照创业风险的具体内容，有关文献将创业风险划分为技术风险、市场风险、政治风险、管理风险、生产风险和经济风险；最后，按照创业风险的影响效果，有关文献将创业风险划分为安全性风险、收益性风险和流动性风险。现有文献对创业风险进行了科学的分类研究，取得了较好的创业风险归类结果。但有关研究的一个共同缺陷就是，在进行创业风险分类研究时，没有按照创业发展的基本过程来考虑创业风险问题。从创业发展过程看，创业起源于创业主体对外部外环境所提供的创业机会、创业资源的有机组合，由此产生创业行为，并在创业环境的影响下取得创业绩效。在创业发展的每一个阶段，都可能会产生相对应的风险。基于创业发展过程，本章将创业风险区分为五类，即创业机会风险、创业资源风险、创业主体风险、创业行为风险和创业环境风险。创业机会风险产生于创业主体对创业机会的识别、判断过程；创业资源风险产生于创业资源的品质、创业主体在创业机会利用过程中对创业资源的占有与使用能力差异；创业主体风险产生于创业主体基本素质的差异以及主体素质对创业决策影响的不确定性；创业行为本身的不确定性和创业行为与创业绩效之间关系的不确定性导致了创业行为风险；创业环境的变化和环境影响作用的不确定性导致了创业环境风险。

第三节　创业风险、社会资本与创业绩效

一、创业绩效及其分析框架

创业绩效研究可以追溯到 20 世纪 80 年代，但直到 90 年代才由 Covin、Stevenson、Zahra 等发展成为一个独立的研究主题。Barney 等（2003）指出，创业活动是个体、环境、机会与过程之间的动态匹配，这四个要素的匹配程度在很大程度上决定着创业绩效水平。Murphy 等（1996）回顾了 1987~1993 年 51 篇以创业绩效为隐变量的实证文献，总结出创业绩效研究的 8 个变量，即效率、成长、利润、规模、流动性、成败、市场占有率与杠杆。从战略管理角度看，创业导向被认为是导致创业成功的重要因素；创业导向与绩效的关系是创业研究的热点问题，许多学者认为创业导向对企业绩效具有直接的促进作用。Hofer 和 Sandberg（1987）通过创业者个人特征、所进入产业结构和新创企业战略以及这三个因素的交互作用来预测新创企业绩效。研究结论表明，创业者个人特征对新创企业的绩效作用不明显，而行业结构和企业战略的交互作用对新创企业的绩效具有很强的关系。Samuelsson（2004）讨论了不同创业机会的开发过程差异及其对创业绩效的影响。Chandler 和 Hanks（1994）的研究发现，多样性资源可使新创企业成长迅速，创业者应设法获得多样性资源，并有效加以配置，以获得最大效益。Lechler（2001）探讨了创业团队中社会互动因素对新创企业成功的影响。Chandler、Honig 和 Wiklund（2005）探讨了环境动态、企业发展阶段、团队异质性与规模及创业绩效之间的关联性。研究结果显示，这些变量对创业绩效有干扰作用。朱秀梅（2008）研究了创业

导向前置变量对创业绩效的影响；认为企业资源是影响创业绩效的关键内部前置变量，因为无法接近或获取资源，往往成为制约企业创业行为、影响企业生存和成长的最重要因素；环境动荡性则是影响创业绩效的关键外部前置变量，因为环境动荡性增强了创业导向对创业绩效的正向影响。

综合文献研究的成果，本章将影响创业绩效的因素归纳为五个方面，即创业主体、创业机会、创业资源、创业行为和创业环境。在五个因素的综合影响下，创业活动实现了其特定的创业绩效，包括新创企业的财务绩效、社会绩效和创业者的心理感知绩效。构建完整的创业绩效分析框架，必须理清创业绩效影响因素之间、创业绩效影响因素与创业绩效之间的作用关系。显然，创业绩效五个影响因素之间的关系表现出复杂性。在这些影响变量中，创业主体的个体心理和个体特征（教育背景、生活与工作经历、生存环境等），对创业机会的识别、评估与利用，对各种创业资源的占有与利用，对具体创业行为都具有直接的影响；创业机会的不同类型，显然具有差异化的创业资源需求，并对创业行为产生影响；创业主体所感知的创业资源的占有能力以及创业资源的实际提供水平，对创业机会的利用和创业行为的实施具有重要影响。创业行为虽然对创业绩效具有直接的决定作用，但这一作用显然在很大程度上受到创业环境的影响。基于上述分析结论，我们构建了如图 4-1 所示的创业绩效分析框架。

二、创业风险对创业绩效的影响分析

创业风险对创业绩效的负面影响似乎是不言而喻的，因此并没有特定文献来专门探讨创业风险对创业绩效的影响问题。虽然有很多的投资者都相信，风险与收益是并存的；高收益往往与高风险相伴随，高风险也可能带来高收益。但就理性投资而言，投资者往往都寻求对

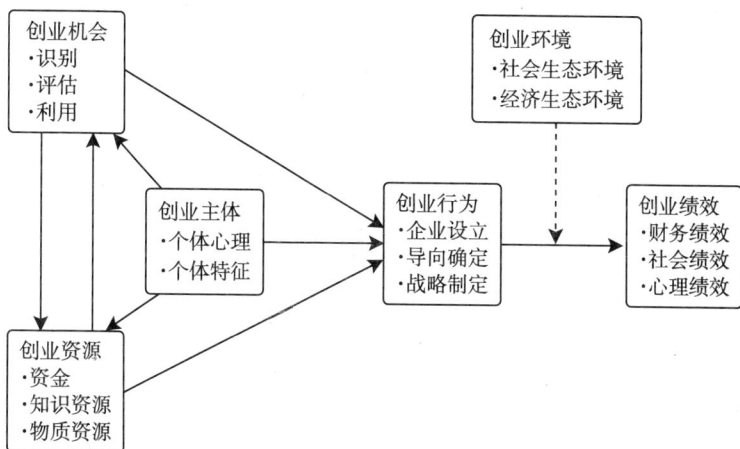

图 4-1　创业绩效的一般分析框架

投资风险的回避，期望以较低的风险获得令人满意的收益。正是出于对低风险条件下满意收益的追求，才产生了对风险管理的研究需求。对创业而言，风险管理的目的就是通过风险分析来把握创业风险对创业绩效的影响，从而制定科学的风险管理策略，以弱化创业风险的不利影响，进而提高创业绩效。

在整个创业活动过程中，无时无处不存在风险；这些风险共同对创业绩效产生着不利影响。创业风险管理的目的就是通过特定的风险分析技术与风险管理手段来控制或削弱各类创业风险对创业绩效的不利影响，以确保新创企业能够可靠地实现预期的创业绩效。但现有文献显然并没有按照创业活动过程来分析创业风险的产生，更没有建立起基于创业发展过程的创业风险对创业绩效的影响模型。本章按照创业发展过程来分析创业风险。创业机会是产生创业绩效的根本来源，一个有前途的创业机会往往意味着良好的创业绩效；但如果创业主体在机会识别与评估过程中出现判断错误，即产生创业机会风险，从而对创业绩效产生重大的不利影响。因此，创业机会风险对创业者的创业行为与创业绩效起着不可忽视的反向调节作用。同样，创业主体的心理或特征缺陷会带来创业主体风险，创业资源在提供与利用环节中会发生创业资源风险，创业主体在实施具体创业行为时会产生创业行为风险，而创业环境的动态性会带来创业环境风险，这些创业风险无一例外地都会对创业绩效产生反向的调节作用。基于创业发展具体过程以及创业绩效影响变量可能产生的风险，本书提出了如图4-2所示的基于创业风险的创业绩效分析框架。

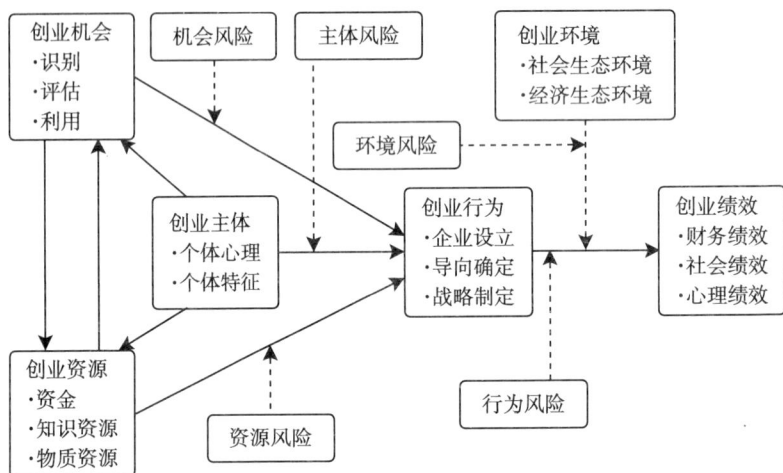

图4-2 基于创业风险的创业绩效分析框架

三、社会资本对创业风险和创业绩效的影响研究

社会关系网络是异质性信息与资源的重要来源，创业者的社会资本水平不仅决定其发现机会和实施创业活动的可能性，而且影响着其在创业过程中获取外部支持的水平，从而决定着创业绩效。创业者面向资源整合的社会资本利用方式与创业机会类型之间的匹配程度也会影响创业绩效。Lerner 等（1997）对以色列的妇女创业进行了研究，发现创业者的社会网络联系与企业的盈利显著相关，并且发现创业者同一个网络联系与盈利高度相关，而创业者同多个网络联系对收入有负的影响。Peng（2002）的研究也发现，血缘网络对私人企业的创建和成长有利。Honig（1998）对牙买加215个小企业的研究发现，社会

资本对提高企业利润有帮助，对企业的成功起重要作用。Hansen 发现，在新企业创立后的第一年里，创业者与之联系的网络规模及网络活动的强度与新企业的成长正相关。Lechner 等（2003）发现，创业者通过不同的网络关系实现企业的成长：创业阶段，创业者的社会网络和声誉网络对解决资源的问题极为重要；企业成立后，营销网络发挥更大的作用；随着企业的发展，技术问题成为企业的核心问题；成熟阶段达到了网络能力的极限，如何调整网络结构应对未来发展成为问题的关键。杨俊和张玉利（2008）探寻新企业成立前的活动对创业初期绩效的影响作用，以挖掘创业者社会资本特征与创业机会属性之间的内在联系为依托，阐述社会资本影响创业初期绩效的两条路径：一是创业者利用社会资本的水平，通过决定其资源整合的效率和效果来影响创业初期的绩效；二是创业者利用社会资本的方式与创业机会特征之间的交互作用，共同影响创业初期的绩效。

综上所述，社会资本对新创企业的绩效确实存在着一定的影响。但现有研究文献只是关注了社会资本通过各种绩效影响变量所发挥的作用，并没有关注社会资本对创业风险的调节作用以及这一调节作用的发挥对创业绩效的可能影响。本书认为，从社会资本的调节功效出发，社会资本应该可以对创业风险产生积极的调节作用，从而在一定程度上弱化创业风险的不利影响，进而提高创业绩效。基于这一思路，本书提出了如图 4-3 所示的基于社会资本风险调节作用的创业绩效分析框架。

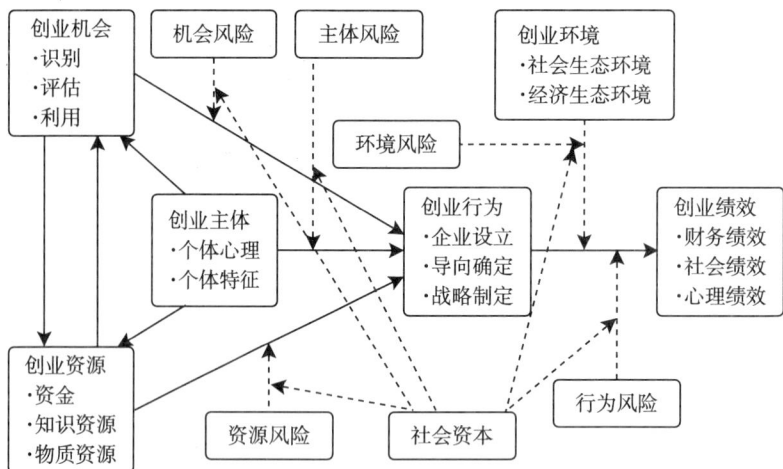

图 4-3　基于社会资本风险调节作用的创业绩效分析框架

第四节　社会资本对创业风险的影响效果分析

一、社会资本与创业机会风险

虽然创业活动并不一定必然以创业机会的利用为前提，但一般而言，创业机会对创业绩效具有十分重要的影响作用；基于创业机会的创业往往更容易取得较好的创业绩效。有关创业机会的研究认为，创业机会通常来自问题、变化、创造发明、竞争、新知识和新技术的出现；但就创业机会对创业活动而言，既非充分条件，也非必要条件。这意味着，一个现实存在的创业机会，不一定会产生实际的创业行为；或者虽然引起了创业行为的发生，但却并不能确保创业行为与创业机会的有效匹配。而且，并不是所有具有创业冲动的人都能有效识别创业机会。创业机会识别、评估与利用的这种不确定性，即构成了创业的机会风险，我们将这类风险称为机会利用风险。此外，有些创业活动并不以机会存在为前提，对这些创业者来说，往往面临着更高的创业风险；我们把这种因为机会缺失而带来的风险也归入机会风险的分析范畴，并将其定义为机会缺失风险。

Shane 和 Venkataraman（2000）认为，创业的本质就在于发现、获得并开发机会。社会资本的作用就在于推动创业者有效识别、评估与利用创业机会。大量研究证实，创业者的社会关系网络是其创业机会的主要来源；个人社会资本影响着创业者对创业机会的发现、判断与利用。Christensen 和 Peterson（1990）认为，除深厚的市场与技术知识以外，社会交往中发现的问题是创业机会的主要来源。Hills 等（1997）发现，50%的创业者通过其社会关系网络发现了创业机会。Shane 和 Venkataraman（2000）指出，创业者是否开发所发现的创业机会，受其所感受到的来自相关关系网络支持程度大小的影响，因为个人社会网络能增强创业者抗击创业风险的信心与能力。循着这一思路，我们可以进一步深入分析社会资本对创业机会风险的影响。

社会资本能够从规范、信任与网络三个层面对机会利用风险产生积极影响。

（1）规范可以降低创业的机会利用风险。通常而言，在规范化条件下，创业者面对的是相对稳定的创业环境，这有助于提高创业机会识别与评估的可靠性，从而有助于降低创业的机会利用风险。虽然发展中国家大量创业发展的实践也证明，非规范条件下也存在创业机会；甚至有人认为，非规范本身就是创业机会产生的源泉。但在非规范环境中，创业机会往往存在较高的不确定性，创业活动往往面临着更高的机会利用风险。事实上，为了降低创业的机会利用风险，发展中国家已经在规范创业环境的建立方面做出了很多的努力。

（2）信任也可以降低创业的机会利用风险。因为信任可以显著缩短创业者对创业机会进行评估与利用的过程，从而推动对创业机会的及时利用。当社会信任缺乏时，创业者很难确保机会识别信息的有效性，也不能保证其所获取的机会评估信息的真实性，因而需要花费大量时间来收集更全面的信息，以确保创业机会识别与评估的可靠性。也就是说，信任缺乏将显著延长创业者机会评估时间，因而不能及时利用稍纵即逝的宝贵机会，这显然提高了创业者的机会利用风险。

（3）创业者社会网络的发展有助于降低创业的机会利用风险。社会网络在创业机会识别、评估与利用中都发挥着重要的推动作用。创业者社会网络中的沟通与信息传递机制可以帮助创业者更有效、更快捷地识别创业机会；此外，创业者社会网络不仅可以帮助创业者更方便地获取创业机会评估的关键信息，而且可以推动创业者迅速将识别的创业机会转化成创业行为。

此外，对那些非机会型的创业者来说，其社会资本对机会缺失风险也能产生积极的调节作用。机会缺失型企业往往缺乏市场有效需求的支持，新创企业后期运营相对更为艰难；而通过创业者社会资本的有效运用，显然可以为新创企业创造一些稳定的需求，从而降低其经营的不确定性。而且，对非机会型创业活动来说，新创企业的持续经营更多地依赖于创业者社会网络来提供补充性的机会支持，从而有效缓解机会缺失风险的不利影响。因此，创业者社会资本的有效运用，就非机会型创业者的创业经营来说，对机会风险的调节显然具有更为重要的意义。

二、社会资本与创业资源风险

创业资源包括人力资源、技术资源、财务资源、信息资源、关系和网络等资源。创业者在创建新企业时，必须考虑是否可以获得创业所需的这些资源，或者是否具备获得这些资源所必需的能力以及如何去获得所需的资源。关系和网络资源是所有创业资源中最为关键的一种资源，因为它不仅是一种重要的创业资源，而且对其他各类创业资源的获取存在明显的促进作用。与关系和网络资源缺乏的创业者相比，具有广泛社会关系网络的创业者，能够占有和利用更多其他创业资源。尤其是在资源稀缺条件下，这一效果表现得更为明显。

创业与发展需要占有和使用特定资源，但外部环境并不一定能提供与其需求相匹配的所有资源。当创业资源供应与创业需求不匹配时，创业便遭遇到了资源风险。通常而言，创业的资源风险包括两种情形：①创业资源的数量供应不能满足创业活动的需求，即新创企业不能在特定时间点及时获取创业经营所必需的某些资源。②创业资源的质量达不到创业活动的使用要求，即新创企业不得不接受外部所供应的劣质资源。无论是资源数量风险还是资源质量风险，都会给新创企业的发展带来重大不利影响。新创企业必须尽力缓解创业资源风险给企业发展所带来的不利影响，而社会资本显然可以在其中发挥积极的作用。

社会资本对资源风险的调节作用，主要来自社会资本中的网络层面。在我国转型经济环境中，市场经济制度尚不够完善，关系网络是社会资源配置的重要方式之一。林南等（1981）认为，那些嵌入社会网络的社会资源，如财富、权力和声望，可以不是个人直接拥有的东西，但可通过其直接或间接的社会关系从他人处获取；而且，在一个分层的社会结构中，如果弱关系对象处于比工具性行动的行动者更高的地位，那么行动者所拥有的弱关系将比强关系给他带来更多的社会资源。Kristiansen（2004）通过对坦桑尼亚木材业中 12 家小型新创企业案例的研究发现，社会网络质量对创业者取得创业资源的能力具有明显影响，广泛、多样化和动态社会网络能为创业者提供获取不同种类资源的通路。

无论是人力资源与技术资源，还是财务资源与信息资源，对企业创设和发展都具有重要的影响。企业创设与发展是一项繁琐复杂的工程，而这往往不是依靠创业者一个人就可以独立完成的。作为一个企业，不仅需要创业者，还需要有人从事财务管理与资本运作，需要有人从事营销管理与市场开发，需要有人提供技术支持。创业者需要有其他人员为他提供创业支持，并和他一起去实现自己的创业构想。显然，创业者的社会关系网络有助于他寻找志同道合者，有助于他获取创业与新创企业发展所必需的人力资源。技术约束被认为是制约我国中小企业，尤其是新创企业发展的重要瓶颈。在新创企业本身缺乏技术资源的前提下，创业者的社会网络有可能帮助他从企业外部获得技术支持，从而解决企业的技术约束问题。庞大、复杂的社会关系网络延伸了新创企业的信息触角，使企业能够很方便、快捷地从各个渠道、层面获取企业运营与发展所需的各种信息，从而可以帮助企业确立市场竞争的主动权和提高企业对市场的快速反应能力。个人社会关系是获取社会网络资源的推动因素，组织成员所具有的社会资本是企业重要的资源。由于个人社会地位对他所拥有的社会资本有很大影响，那些处于社会网络节点和中心地位的个人对创业或新创企业发展过程中获取创业资源尤为重要，发挥着不可替代的作用。因此，创业者必须通过个人社会关系网络来获取这些关键人员的支持，从而提升创业者和新创企业获取各种创业资源的能力。所以，借助社会资本中网络的作用，创业者可以稳定地获得新创企业发展所需要的各种创业资源，从而降低了因为创业资源供应不稳定而产生的资源风险。

三、社会资本与创业主体风险

创业主体是创业资源的组织者，也是创业活动的主导和核心力量。培育具有创业能力与活力的创业主体，是推动创业发展的根本基础，也是提高创业绩效的关键。长期以来，创业研究文献都给予了创业主体较多的关注，对创业主体的特征进行了深入研究。现有文献对于创业主体的研究有两类看法：①强调心理路径，注重探讨创业主体的人格特质，研究重点在于分析创业主体的先天条件，如个性、心理状况、风险偏好程度等。②强调社会路径，试图从社会学观点解释创业主体所处的社会背景对其创业决策的影响，更多着眼于创业主体的后天经历，包括个人经验、专业知识、教育程度、家世背景对创业能力的影响。

无论是心理路径的学者，还是社会路径的学者，其研究的共同目的都是证明创业主体在某些方面具有与众不同的稳定特质，而正是这一稳定特质成就了其创业行为，并决定了其创业绩效。Shane 和 Venkataraman（2000）探讨了创业主体的先验知识对创业机会发现的影响，显示创业主体个人背景对于创业有极重要的影响。吴奕慧（2003）的研究结果显示了创业者与非创业者在性别、婚姻状况、年龄、宗教信仰、教育程度、创业行业等方面均有显著差异。Kourlisky 和 Walstad（1998）研究了青少年与女性对创业的知识、态度差异，指出学校教育对创业有重要影响。

对创业主体特征的这些研究成果似乎可以让我们相信这样一个推论：只要一个主体具备了这样一些特质，他就可以做出正确的创业决策，并取得预期的创业绩效。但这显然太过于盲目。虽然从统计特征看，成功的创业者体现出某些特质，但并不表示具备这些特质的主体一定会成为一个成功的创业者。从创业主体到成功创业者之间有很长一段距离，其中存在着众多的不确定性。实际上，有一些真正的创业者并不具有创业所需要的特质；而那些具有创业特质的主体，并不一定就都能对创业机会做出准确的判断，并不一定能做出科学合理的创业决策。这就意味着，在创业活动中出现了主体性风险。

与资源风险的调节一样，社会资本主要通过网络的连接作用来弱化创业活动中的主体风险，包括主体素质缺乏风险和主体决策失误风险。创业主体素质的缺乏一直以来都是困扰我国创业发展的一个重大风险。改革开放以来，我国经济发展过程中有过数次创业热潮，其创业主体既包括一些体制内的精英人群和海归人士，也有早年创办乡镇企业的农民。

此外，社会资本对创业决策的保障作用也是不言而喻的。创业决策既需要丰富的决策信息来确保决策的科学与合理，也需要创业主体具有充分的分析、判断与决策能力。但在创业之初，绝大多数的创业者既不能掌握充分的决策支持信息，也不具备充分的分析、判断与决策能力；创业者只能借助外部力量来弥补其信息与能力方面的不足。显然，具有丰富社会资本的创业主体，可以从其广泛的社会关系网络中更全面地获取创业决策所需要的各种信息，从而弥补创业者个人信息拥有不足的缺陷；同样，创业者也能够经常性地与其社会网络中具有创业经验的人员或企业高层管理者就创业设想进行深入探讨，从而提高创业决策的质量，有效降低创业决策的风险。

四、社会资本与创业环境风险

创业环境研究是创业研究的一个关键领域，创业环境对推动区域创业活动和创业管理理论的创新都具有重要的意义，但创业环境研究目前还没有形成一个完整的体系。Gartner（1995）将创业环境界定为在创业者创立企业的整个过程中，对其产生影响的一系列外部因素及其所组成的有机整体；而全球创业观察则认为创业环境一般包括金融支持、政府政策、政府项目支持、教育与培训、研究开发转移、商业和专业基础设施、进入壁垒、有形基础设施、文化与社会规范等具体内容。

目前关于创业环境对新创企业绩效影响的研究主要反映在两个方面：①创业环境对新创企业绩效的直接影响，即在一定的创业环境下，会产生既定的创业绩效。②创业环境对新创企业绩效的调节作用，如崔启国（2007）从网络角度对创业环境与新创企业绩效进行了实证分析。本书认为，创业环境对创业绩效的影响，既表现在创业环境对创业机会识别与评估、创业资源获取可能性和创业主体素质的影响，也表现在创业环境对创业行为实施过程与结果的影响。创业环境在长期发展过程中必然对创业机会、创业资源和创业主体产生累积性影响，而且其影响结果往往具有一定程度的确定性；也就是说，在特定创业环境下，创业机会的出现及其性质、创业资源与创业主体的属性具有一定的确定性。与之不同的是，创业环境对创业行为过程的影响具有更多的不确定性，这一不确定性即表现为环境风险。因此，对创业环境风险的研究应更多地关注创业环境对创业行为实施过程的影响。此外，创业环境本身的变化，也是环境风险的一个重要来源。

社会资本对创业环境具有明显的正向调节作用，因而有助于缓解创业的环境风险。高婧等（2006）利用罗家德和赵延东的集体社会资本三个结构面观点，从信任、连接以及网络结构三个方面对我国西部地区项目投资环境风险评价指标体系进行研究，并最终将项目投资的环境风险归纳为结构性风险与认知性风险；其中结构性风险是规则、程序、制度的不完善导致的风险，认知性风险是投资者主观印象、思维定式和意识形态导致的风险。基于上述研究结论，我们可以同时从规范、信任与网络三个层面来分析社会资本对创业环境风险的影响作用。

（1）规范有利于弱化创业的环境风险。在创业者具体创业行为实施过程中，道德、行为、市场与法制规范的行为约束功能有助于建立健全新创企业的外部运营环境，从而有效缓解或消除创业的环境风险。相反，规范的缺失将使新创企业不得不面对充满风险的外部环境；因为非规范环境一方面会使创业者与创业追随者无所适从，另一方面也会降低环境对创业行为的信任，从而使新创企业难以从内外环境中获得创业服务与支持。

（2）信任可以缓解创业的环境风险。信任是建立与优化市场环境的基础，健康的市场环境将有助于降低或避免创业环境风险的出现。而且，一个完善的社会信任体系将有助于推进新创企业与内外环境之间的连接，有利于新创企业进行创业融资和获取技术，从而降低新创企业经营与发展的不确定性，减少环境风险的发生。

（3）创业者的社会网络有利于降低环境不确定性带来的风险。一方面，创业者广泛联系的、稳定的社会网络，将有助于维持新创企业内外环境的稳定性，从而弱化环境变化所带来的风险；另一方面，即使是面对一个变化多端的外部环境，网络的支持作用也可以显著降低环境变化给新创企业所带来的不利影响。变化是环境固有的属性，无论是商业基础环境、技术环境和文化环境，还是政治环境、金融环境，都处于不断变化之中；这无疑对新创企业的发展构成了威胁。创业者利用其社会网络资源的力量，一方面可以提前了解环境变化趋势以制定预防应对措施；另一方面可以借助网络的作用来稳定新创企业的生产经营，从而弱化环境变化对新创企业的不利影响。

五、社会资本与创业行为风险

创业者的创业实践最终以其创业行为来表达和说明，它是创业意识的外部表现形态。创业行为是一种自觉的、有明确目的的行为。创业行为源于创业需求，创业需求是创业活动的最初诱因和原始动力，是形成创业动机的基础；创业动机是形成和推动创业行为的内驱力，是产生创业行为的前提和基础。对创业行为概念，目前没有一个被普遍接受的定义，已有界定大多依赖于研究者的学科背景和各自的研究目标。Knight（1921）认为，创业行为是指应对处理市场、技术不确定性和为此采取的承担风险行为。熊彼特（1934）认为，创业行为是为满足市场需求而对产品、过程、组织和销售渠道进行新的组合。Rumelt（1984）从公司层面出发，将创业行为直接定义为新产品的生产。张玉利和杨俊（2003）根据创业动机的差异把创业行为分成三类：机会拉动型、贫穷推动型、混合型。机会拉动型创业在于个人抓住现有机会的强烈愿望，并将创业作为实现某种目标的手段。贫穷推动型创业是一种被迫选择。混合型创业是介于机会拉动型和贫穷推动型创业之间的创业行为。数据显示，有一半以上的中国创业者的创业行为是一种被迫的创业行为。

对创业行为与公司绩效间的关系，学者们做了大量实证研究，但是结果表明两者间关系并不清晰。Lee 等（2001）发现，创业导向与新创企业绩效间的正向关系并不显著；Slater 和 Narver（2000）的研究也发现两者间并没有显著关系。但 Wiklund 和 Shepherd（2003）研究却指出，创业行为增强了公司知识资源和绩效间的关系；Lumpkin 和 Dess（2001）认为，创业导向与绩效间存在权变性的相关关系；Dimitratos 等（2004）发现，公司外部市场的不确定性在公司创业行为与国际绩效关系间发挥着正向调节作用。Zahra 和 Garvis（2000）的研究结果证明，创业导向提高了公司外部盈利性和收入增长，创业行为调节了环境与绩效间的关系，有利于提高绩效。由此可见，创业行为与公司绩效间的关系存在不确定性。创业行为与创业绩效之间的这种不确定性，即形成了创业的行为风险，我们称为行为效果风险。此外，创业行为风险还包括创业行为过程中所存在的行为本身的不确定性所带来的风险，我们称为行为行动风险。

社会资本对创业行为风险的影响同样也表现在规范、信任与网络三个层面。

（1）规范有利于增强行为合理性，从而降低创业的行为风险。规范既是行为约束的工具，也是行为实施的依据。规范的建立将有助于提升创业行为的合法性与合理性，在社会规范的约束下，创业者与新创企业将会自觉地通过合法行为来实现其目标，而不会去寻求高风险的非法手段的利用。同时，规范的严格约束可以确保创业者采取正确的行为，并确保这一行为不受外部环境的干扰，这有助于减少行为偏离目标的可能性，确保企业以正确行为指向科学的目标，这意味着规范的存在可以有效降低创业的行为效果风险。

（2）信任可以通过减少行为冲突来降低创业的行为风险。信任通常可以减少新创企业运营过程中与外部合作者、竞争者或内部员工之间的摩擦，有利于加强彼此之间的协调与合作，从而减少行为冲突事件的发生，以降低创业的行为行动风险。对所有新创企业而言，一开始并不会存在一个有效的信任机制，信任缺失、信任不完全或信任不对等情形的出现在所难免。例如创业团队之间的不信任，新创企业与客户之间的不信任，新创企业与投资者之间的不信任，新创企业内管理者与员工之间的不信任等。当彼此不信任时，猜疑与自利主义倾向将会得到明显的强化，阻碍新创企业发展和创业目标实现的行为将会发生。此外，在既定的创业行为中，信任可以促进外部环境对创业行为的支持，从而降低创业的行为效果风险并推动创业绩效的实现。

（3）网络也可以对创业行为风险产生积极的调节作用。从网络层面看，行为具有明显的嵌入特征。一个嵌入社会网络中的创业行为，将不得不考虑网络中其他主体的需要；这显然将增强创业行为的关联性，从而迫使创业者对自身行为进行必要的规范，进而降低创业的行为行动风险。而且，社会网络促成了信任在网络中的传递，这既有利于创业者从其社会网络中获得行为支持，也有利于网络内部行为的协调与统一，从而弱化创业的行为效果风险。此外，创业者社会网络的构建可以增强创业者攫取创业行为实施所需资源的能力，这也有利于降低创业的行为效果风险。

第五节　本章小结

所有的创业者总是期望创业活动能够实现预期的创业绩效，但事实却往往事与愿违，因为在整个创业过程中，他们不得不面对创业风险的困扰。无论是主观创业风险和客观创业风险，还是技术风险、市场风险、政治风险、管理风险、生产风险和经济风险，抑或是安全性风险、收益性风险和流动性风险，任何一项风险的发生，都足以引起创业实践与预期目标的偏离。没有一个创业者愿意接受这种偏离，创业者显然需要一种工具来调控他们不愿意面对却又必须面对的创业风险。基于社会资本的调节有效性，我们就社会资本在创业风险影响效果中的调节作用进行了探讨。通过对传统创业绩效分析框架的总结，我们提出了一个基于社会资本调节作用的创业风险与创业绩效分析框架，并在这一分析框架的基础上就社会资本在各类创业风险中的调节作用进行了具体的分析。通过分析，我们得到了五个主要结论：

（1）社会资本对机会利用风险和机会缺失风险都存在积极影响。规范有助于降低创业的机会风险，虽然非规范环境也能提供创业机会，但其往往具有较高的风险。信任可以简化创业者对创业机会评估与利用的过程，从而推动对创业机会的及时利用；网络可以帮助创业者更有效、快捷地识别创业机会和获取创业机会评估的关键信息。也就是说，无论是信任还是网络，都能够从时间节约的角度来促进创业者对创业机会的适时利用，从而减少机会利用的时滞风险。此外，对非机会型的创业者来说，社会资本也能通过提供需求和补充机会的方式来缓解新创企业的机会缺失风险。

（2）网络对资源的获取具有重要影响，可以有效降低创业活动中的资源风险。我国市场经济制度尚不够完善，关系网络更是社会资源配置的重要方式之一。社会网络质量对创业者取得创业资源的能力具有明显影响，广泛、多样化和动态社会网络能为创业者提供获取不同种类资源的通路。创业者的社会关系网络可以延伸新创企业的信息触角，从而可以帮助企业确立市场竞争的主动权和提高企业对市场的快速反应能力。创业者的社会网络应尽可能多地覆盖那些处于社会网络节点和中心地位的个人，因为他们对创业及新创企业发展过程中获取创业资源发挥着不可替代的作用。

（3）社会资本可以通过网络作用弱化创业活动中的主体风险，包括主体资质缺乏风险和决策失误风险。创业主体素质的缺乏一直以来都是困扰我国创业发展的一个重大风险。我国早期的创业者显然并不具备学者们所认同的创业特质，他们事实上的创业成功在很大程度上受益于其基于血缘、亲缘与地缘的社会资本，这种紧密连接的社会网络使他们得到了来自网络成员的坚定支持，从而有效缓解了创业者主体素质缺乏所产生的风险。此外，创业决策需要丰富的决策信息来确保决策的科学与合理，具有丰富社会资本的创业主体，可以从其广泛社会关系网络中更全面地获取创业决策所需要的各种信息，也能够经常性地与他人就创业设想进行深入探讨，因而能提高其创业决策的质量和降低创业决策的风险。

（4）社会资本中的规范、信任与网络都对创业环境具有明显的正向调节作用，有助于缓解创业的环境风险。显然，道德、行为、市场与法制的规范可以缓解或消除创业的环境风险；相反，规范的缺失则会使新创企业难以从创业环境中获得支持与服务。社会信任是建立健康市场环境的基础；完善的社会信任体系将有助于推进新创企业与环境之间的连接，从而降低新创企业经营的不确定性。此外，社会网络有助于维持内外环境的稳定性和增强新创企业对环境变化的应对能力，从而降低环境变化所带来的各种风险。

（5）社会资本从规范、信任与网络三个层面对创业的行为行动风险和行为效果风险产生积极影响。规范有助于提升创业行为的合法性与合理性，从而减少行为偏离目标的可能性。信任缺失、信任不完全或信任不对等是行为风险产生的根源；而信任可以减少企业运营过程中的摩擦，加强彼此之间的协调与合作。网络既可以促进行为的规范，也可以加强网络内的信任，而且可以增强创业者攫取创业行为实施所需资源的能力，从而对行为风险的缓解做出积极的贡献。

传统风险管理更多地强调风险分析的作用，但事实上风险分析并非企业控制风险的唯一路径，加强对风险调节工具的把握与运用，也是企业进行风险管理的一个重要选择。对创业风险管理而言，为尽可能降低或避免创业风险的不利影响，创业者在创业之前和创业行为实施过程中，必须加强对个人与企业社会资本的投资，致力于构建广泛的社会关系网络。创业者应当合理利用社会资本，尤其是其中的社会网络，来对创业过程中可能遭遇的各种创业风险进行调节，包括机会风险、资源风险、主体风险、资源风险与行为风险，从而尽可能减少各类创业风险的发生，或降低创业风险的不利影响。当然，创业者在发展和利用社会资本的时候，也必须要注意并避免社会资本可能带来的负面影响。在利用社会资本调节创业风险的过程中，创业者必须尽力防止社会资本使用风险的出现，如社会资本的过量投资、强社会资本所造成的"搭便车"行为、强社会资本所导致的思想偏见和思维惯性等。

第五章　定量研究设计

研究设计是决定研究质量的关键，本章分别从研究变量设计与研究的基本假设两个方面来对研究设计进行说明。在研究变量设计部分，将具体介绍后续研究所要使用的隐变量与观察变量，并界定相关概念的基本内涵。在研究的基本假设部分，将分别围绕研究变量综述文献成果，并在文献成果综述的基础上，分别提出隐变量与观察变量的相关假设。

第一节　研究变量设计

按是否可以直接观测或度量将研究变量分为观察变量（Measurement Variable）和隐变量（Latent Variable）。所谓观察变量（又称显变量）是指可以观察并测量的变量；隐变量（又称潜在变量）是指客观存在的、但无法直接测量的变量，但可以通过观察变量来对其进行研究。所谓变量设计就是对观察变量和隐变量进行设定，并对观察变量与隐变量之间的表征关系和隐变量之间的因果关系进行分析。

一、隐变量设定

在结构方程模型中，隐变量是指那些不能直接进行观察或测量的研究变量。在模型研究中，往往需要运用到很多的隐变量。结构方程模型与其他多变量分析工具相比的一个重要优势，就是可以对不能直接进行观察或测量的隐变量进行量化分析。研究过程中所涉及的隐变量有五个，即社会资本、创业能力、创业主体属性、创业战略、创业绩效。

1. 社会资本

社会资本是指为实现某一工具性或情感性的目的，通过社会网络来动员的资源或能力的总和。社会资本概念自从提出以来，无论是在社会学与政治学领域，还是在经济学、组织行为学、管理学领域，都是一个很重要的概念。借助于社会资本理论，通过研究人际间的关系结构、位置、强度等，可以对社会现象提供更好的解释。社会资本通过提高组织成员之间的互动和信任，或利用组织成员与外界的联系，为组织获得有用的机会和信息，进而影响组织绩效。但是，社会资本对组织绩效的影响是有两面性的。社会资本如同刀子一样，如果没有握住刀柄，而是握住了刀刃，这样不仅丧失了攻击力，还会对自身造成伤害。很多研究发现，高的内部社会资本，在某种条件下，会使组织更加保守，对外来创新、新思想形成阻力，形成"山头主义"等。而高的外部社会资本，也可能使组织的隐秘信息流失。因此，社会资本与组织绩效之间并不呈线性相关。

2. 创业能力

创业能力是指影响创业实践活动效率，促使创业实践活动顺利进行的主体心理条件；是一种以智力为核心的具有创造特性和较高综合性的、能顺利实现创业目标的特殊能力。创业能力是一种核心能力，是创业基本素质的重要组成部分之一，是创业成功的充分条件。

Kiggundy（2002）认为创业能力是成功与持续创业所必需的企业家属性的总和，包括态度、价值、信仰、知识、技能、能力、个性、智慧、专门技术、思想和行为倾向。Busenitz 和 Arthurs（2006）、Mosakowski（1998）将创业能力解释为具有远见的行动能力、创造性行为能力、直觉运用能力、新机会的警觉能力和开始一个新企业所需要资源的发展能力。陆嘉（2007）认为，创业能力包括与人沟通的能力、创新能力、组织管理能力、团队协作能力。倪锋和胡晓娥（2007）认为，创业能力是一种复合能力，包括分析性创业力、实践性创业力和创造性创业力。本章研究将创业能力定义为创业主体行动能力、创业资源支持力与创业环境支持力的集合。研究文献认为，创业能力受到社会资本的影响，并且对创业存活率和创业绩效产生影响。

3. 创业主体属性

创业主体是指以个人或团队为核心的具有相应知识资本并能协同进行创业活动的创业团队或个人，它是创业活动的策划者、推动者、组织者和执行者。创业主体既是创业决策的制定者，也是创业行为的实施者，因此，创业主体对创业活动的发生及其发生方式、创业企业的绩效具有直接的影响。优秀的创业主体具有高度的能动性，它能在不断变动的市场环境中主动适应既定的体制环境，同时又能最大限度地利用现有的政策资源，从而在不十分完善的社会经济和文化环境中实现自主创业。根据创业主体与创业行为之间关系的不同，可以把创业主体区分为隐性创业主体、潜在创业主体和显性创业主体，其中隐性创业主体是有创业意愿的社会个体；潜在创业主体是正在寻找创业和实施创业准备的社会个体；显性创业主体是正在实施创业的社会个体。本章研究所针对的创业主体是显性创业主体，并且将分别从主体性别、年龄、文化、归属地四个角度来探讨主体属性差异对主体社会资本、创业财务绩效的影响。

4. 创业战略

创业战略是在创业资源的基础上，描述未来方向的总体构想，它决定着新创企业未来的成长轨迹以及资源配置的取向。创业战略决定就是创业者根据市场的变化因素、自身的客观条件和潜能，寻找和制定出企业可以超常规发展的一种谋划，根据这种谋划来调配自身实力，调度、运用和整合各种资源使新创企业快速崛起的一个过程。创业者在创立企业时，可以选择创设个人独资企业，也可以选择和别人合伙创设企业；可以根据产业机会选择在不同的行业创业；可以根据创业资金规模与市场容量选择创设不同规模的企业；可以在本土化创业与国际化创业之间进行选择。本章研究将探讨不同创业战略导向下，创业者发展社会资本的差异与社会资本利用方式的差异，以及对创业绩效的影响差异。

5. 创业绩效

创业绩效是指创业活动所取得的效果，包括财务绩效与非财务绩效。创业绩效的测量理论很多都是借用了组织绩效的测量理论，比如目标理论、社会功能理论、系统资源理论、过程理论、利益相关者理论、绩效信息市场模型等。创业绩效作为最重要的隐变量，或者说终极隐变量，它是检验各种创业理论是否有效的标准。虽然创业绩效是创业研究最重要的效标变量之一，但由于种种原因，创业绩效结构维度的界定仍然存在着困难。

绩效为创业研究中重要的衡量指标，Venkataraman（1997）指出，创业绩效不能完全以一般管理之衡量方式进行，除了考虑经济绩效外，还须加入个人努力对于社会的贡献程度。创业绩效是一个多维结构，某些预测指标也许会与创业绩效的某个维度呈正相关，但却与其他某个维度呈负相关，因此应该在研究中包含多个维度的测量指标，并仔细界定研究关注的某些自变量与创业绩效特定维度之间的关系；大多数研究者都认为多维指标比单一指标提供了更加丰富的图景，绩效测量正朝着多维指标的方向发展。不过，对于何种维度的结合是最合适的尚未达成一致性意见。但考虑到多维测量的困难，本章研究只选择了能够直接反映创业绩效的企业财务绩效指标来测量创业绩效。

有关社会网络与创业绩效之间关系的结论尚不明确，有的研究认为网络能提升创业绩效，有的研究认为网络的作用尚不明确，有的研究发现网络并不能提升创业绩效。网络与创业绩效之间可能并非直接作用的线性关系，可能存在着权变因素调节着网络与创业绩效之间的作用关系，但已有研究仍没有对此做出合理解释。

二、观察变量设定

结构方程模型中的观察变量指的是在模型运用过程中可以直接用数据来进行测量与表示的分析变量。在分析过程中所涉及的观察变量有 14 个，具体包括社会资本存量、社会资本利用方式、创业主体行动能力、创业资源支持力、创业环境支持力、创业方式、创业行业、创业规模、市场导向、主体性别、主体年龄、主体文化、主体归属地、创业财务绩效。这些变量在进行了概念界定、指标设计和算法设计之后，都可以利用问卷调查来获得相应的数据，因此这些变量是可以观测和度量的。

1. 社会资本存量

对社会资本的测量尚存在不少问题，其中最为突出的是没有评估测量工具效度，测量不够全面或者测量指标与社会资本理论缺乏对应（De Silva，2006）。在某种程度上说，De Silva 所概括的方法论局限的真正原因是缺乏系统的社会资本测量工具。正因为现有的测量指标缺乏系统性，研究者采用了各不相同的测量指标，或者采用片面的测量指标。[①] 自 20 世纪 90 年代后期起，关于社会资本测量的研究陆续出现

---

① 桂勇、黄荣贵：《社区社会资本测量：一项基于经验数据的研究》，《社会学研究》2008 年第 3 期。

（Onyx 和 Bullen，2000；Narayan 和 Cassidy，2001；Grootaert 和 Baste-laer，2002；Megan、Burdsal 和 Molgaard，2004；Silva 等，2006）。在经验研究中，对个体层次社会资本的测量方法基本集中于两个方面：一是对嵌入个人社会网络之中，可以为个人所调用的资源总体的测量，这种方法重在考察个人对社会资本的拥有情况，测量方法包括提名法、位置生成法。二是考察个人在工具性行动之中实际动用的社会资本情况，这种测量法侧重于个人对社会资本的使用情况（Lin，1999；Zhao，2002），测量方法包括讨论网、联系网、支持网、拜年网等。本章研究采用联系网的方法来测量个体社会资本，即要求被调查者回答其日常使用的通讯簿中各种联系人的数量。

2. 社会资本利用方式

由于创业主体属性的不同，创业主体对自己所拥有的社会资本可能会采取不同的利用方式。为了取得最佳的创业绩效，那些积极的创业行动者可能会尽可能地充分发挥个人社会关系网络的作用，以通过寻求关系网络资源的支持来实现创业绩效的最优化；另外一些创业者可能还会为了创业及发展的需要，积极地去开拓个人社会关系网络，借助网络的拓展来获得更好的发展机会。但不可避免地也会有许多迟钝的创业者，并没有充分认识到个人社会关系网络对创业发展的积极作用，没有在创业与发展过程中主动去寻求关系网络的支持。在本章研究中，创业者利用社会资本的方式通过问题 R5 来实现。显然，基于创业者利用社会资本的方式的不同，在正常条件下，创业者所预期的创业绩效将会有所不同。

3. 创业主体行动能力

创业活动是创业主体的行动结果，因此，创业主体本身的行动能力直接决定着创业活动的行为绩效。一般来说，创业主体的行动能力越强，其可能取得的创业绩效也会越好。主体行动能力包括多个方面的内容，如创业主体本身的知识基础、分析判断问题的能力、把握市场机会的能力等。本章研究将创业主体的行动能力分解为创业主体的知识水平和创业主体分析判断问题的能力两个部分，并分别通过问题T1、T2、T3 和 T6 来实现，由被调查的创业者基于 5 刻度的里克尔特量表来进行评价。

4. 创业资源支持力

创业资源包括人力资源、技术资源、财务资源、信息资源、关系和网络等资源。创业者在创建新企业时，必须考虑是否可以获得创业所需的这些资源，或者是否具备获得这些资源所必需的能力以及如何去获得所需的资源。关系和网络资源是所有创业资源中最为关键的一种资源，因为它不仅是一种重要的创业资源，而且对其他各类创业资源的获取有明显的促进作用。与关系和网络资源缺乏的创业者相比，具有广泛社会关系网络的创业者，能够占有和利用更多的其他创业资源。本章研究通过问题 T4、T5、T7、T13 和 T14 来刻画创业资源支持力，并由被调查的创业者基于 5 刻度的里克尔特量表来进行评价。

5. 创业环境支持力

创业环境是一系列概念的集合体，是各种因素综合的结果，正确认识和了解创业环境的前提是对创业环境进行评价。GEM 中国报告（2005）提出从金融支持、政府政策、政府项目支持、教育与培训、研究开发转移、商业和专业基础设施、进入壁垒、有形基础设施、文化与社会规范九个方面来评价创业环境；Porter（1980）提出从进入壁垒、现有竞争者的竞争状态、替代产品的威胁、购买者的还价能力、供应商的还价能力五个方面来评价创业环境；Gartner（1995）从人口中近期移民的高比例、较大规模的城市区域、雄厚的工业基础、金融资源的可用性、工业专业化程度五个方面评价创业环境；Fred（2000）从政治和经济环境、转型冲突、不健全的法律环境、政策的不稳定性、非正式的约束、不发达和不规范的金融环境、文化环境七个方面评价创业环境。目前大部分学者都是借用 GEM 对我国创业环境进行评价。

本章研究从文化环境和政治环境两个层面来测量创业环境，通过问题 T8、T9、T10、T11 和 T12 来刻画创业环境支持力，并由被调查的创业者基于 5 刻度的里克尔特量表来进行评价。

6. 创业方式

创业方式考察的是创业者在创设企业时，筹措创业资金所采取的方式。通常我们可以将创业划分为个人独资创业和合伙创业两种方式。个人独资创业可以独享对新设企业的控制权，能够更好地实现创业者的创业设想，因而更容易被创业者所选择；但与之相对应的是，个人独资创业往往难以筹措到足够多的创业启动资金，并且需要创业者个人承担所有的创业风险。合伙创业正好相反，它可以迅速地筹措大规模的创业启动资金，并且能够分散创业风险，但在创业与发展过程中往往伴随着多个共同创业者之间的摩擦冲突，这会阻碍创业绩效的改善。本章研究借助问题 Q2 来获得对创业方式的测量资料。

7. 创业行业

从创业者创业资源行业利用看，具有不同社会关系网络的创业者由于其可以利用的创业资源内容与数量的不同，创业者可能会选择进入不同的行业领域。尤其是在存在制度空隙的我国经济环境中，创业者个人社会关系网络对其进入行业的选择发挥着关键性作用。一般而言，拥有弱关系网络的创业者通常只能支配有限的创业资源，因而更倾向于进入竞争性行业，如日常工业品和小五金类产品；与之相反，拥有强关系网络的创业者则可以支配更多的创业资源，因而更倾向于进入一些具有垄断性和高资源投入的行业，如房地产、金融、电信等。也就是说，创业者进入不同的行业，其对社会资本的需求强度与内容将会不同。本章研究借助问题 Q3 来获得对创业行业的测量资料。

8. 创业规模

创业规模指的是创业者在创设企业时所预期的新创企业的年度运营规模，一般可以采用新创企业的年度经营总额来表示。创业规模与社会资本之间存在复杂关系：一方面，不同的创业规模所需要调用的社会资本不同；另一方面，不同的社会资本存量及其类型也决定了创业者筹措创业资金的能力和运营新创企业的能力的不同，从而影响着新创企业的规模。本章研究借助问题 Q4 来获得对创业规模的测量资料。

9. 市场导向

从创业者的创业导向战略看，当其个人社会关系网络中包含较多国际关系内容时，创业者将有可能利用国际创业资源，进行国际化创业，将企业产品出口到国际市场，或直接在国外进行创业投资。相反，如果创业者只能通过个人社会关系网络利用国内创业资源时，创业者将更倾向于选择本土化创业，为本国消费者提供产品或服务；即使有产品出口，出口也并不占重要地位。但也有一些新创企业并没有自己明确的市场导向。本章研究借助问题 Q7 来获得对创业市场导向的测量资料。

10. 主体性别

创业主体包括男性与女性。一般来说，男性创业者和女性创业者所拥有的社会资本的数量与结构存在着明显的差异，并且在社会资本的利用方式上存在着明显差异。而且男性创业者和女性创业者在创业战略选择与创业能力发挥上也存在着差异。因此，有必要研究创业主体性别差异对创业绩效的影响。本章研究借助问题 E1 来获得对创业主体性别的测量资料。

11. 主体年龄

社会资本是创业主体在不断成长的过程中逐渐积累起来的。创业主体的生活与工作经历越丰富，所积累起来的个人社会资本存量也就越丰富。而且，随着创业主体年龄的增长，创业主体的心智将更趋于成熟，更能懂得社会资本对创业与创业发展的支持作用。因此，创业主体的年龄差异将会影响创业主体的社会资本存量与对社会资本的利用方式。本章研究借助问题 E2 来获得对创业主体年龄的测量资料。

12. 主体文化

主体文化测量的是创业主体的文化水平。创业主体的文化水平可以从两个方面影响其社会资本存量以及对社会资本的利用方式：一方面，不同文化层次的创业主体的认知能力存在着显著差异，将会影响到其对社会资本作用的认知，从而影响到其发展社会资本的策略与社会资本的利用方式；另一方面，随着创业主体学习经历的延长，其学缘关系将进一步扩展，基于学缘关系的社会资本将更加丰富。本章研究借助问题 E3 来获得对创业主体文化水平的测量资料。

13. 主体归属地

主体归属地用以衡量创业主体是否在创业主体的家乡所在地创业。对创业主体来说，在家乡所在地创业，意味着创业主体可以充分有效地利用亲缘网络，以及其在前期所积累起来的非亲缘社会资本。而一旦离开家乡所在地，创业主体的亲缘网络与前期的社会资本积累将在很大程度上成为沉没资本，难以发挥预期的支持作用。异地创业的创业者不得不重新构建自己的社会关系网络，重新积累社会资本，或者是在弱社会资本的支持下，通过其他策略来创业和寻求新创企业的发展。本章研究借助问题 E4 来获得对创业主体归属地的测量资料。

14. 创业财务绩效

基于简化研究的需要，本章研究只是从创业财务绩效的角度来测量新创企业的创业绩效。财务绩效衡量的是企业资本运作的效果，目前已经有比较完善的衡量体系。国资委对国有企业进行财务绩效评价的主要指标包括企业盈利能力、资产质量、债务风险和经营增长四个方面；而禾银的 BBA 财务绩效评价体系则分为八大类 93 项指标，具体包括偿债能力分析（15 项指标）、经营效率分析（11 项指标）、盈利能力分析（9 项指标）、股票投资者获利能力分析（10 项指标）、现金流量比率分析（16 项指标）、增长能力分析（15 项指标）、结构分析（13 项指标）、其他（4 项指标）等。本章研究只是选择了从盈利状况来简单测量创业财务绩效。考虑到研究所处时期全球金融危机对企业财务绩效的影响，同时询问了被调查企业 2008 年和 2009 年的盈利状况，并利用两年的盈利平均水平来表示企业的创业财务绩效，以部分地消减非研究因素对研究的干扰。本章研究借助问题 Q5、Q6 来获得对创业财务绩效的测量资料。

第二节 研究的基本假设

一、创业主体属性与社会资本

社会资本是存在于社会网络和社会组织中的、能够为拥有它的主体带来收益的一种能力，这种能力是一种潜在性的，对外体现为一种社会关系。社会资本的概念包含着个体和社会双重主体的属性，强调的是行动主体自身拥有的资源和使用价值。而在社会结构中，个体依据权威和规则，占据不同的社会位置，因而拥有不同的资源，其依赖资源而形成的社会关系网络也会有所差异；也就是说，个体社会网络的异质性、网络成员的社会地位、个体与网络成员的关系力量，决定着个体所拥有的社会资源的数量和质量等。

创业主体的性别、年龄、文化与归属地等特征，对创业主体的社会资本形成具有重要影响。一般而言，不同性别的创业者，在其日常社会交往过程中会形成不同结构的社会资本。随着创业者年龄的增长，其所积累的社会资本存量会不断增长。创业者所接受的文化教育的不同，会对其社会交往范围、社会交往方式产生影响，从而影响到创业者的社会资本结构。自 20 世纪 50 年代初以来，很多研究者都在解释海外华人经商致富的原因，他们大都将重视家庭或亲属纽带看做主要原因之一。亲缘网络在家庭资源配置中起重要作用，对家庭或家族经营的发展大有益处。对那些远离家乡的创业者来说，其社会资本的内容将发生明显的变化。

石春燕（2005）指出，不同个体由于所在家庭、所受教育、所处环境等的不同，其所拥有的物质资本、精神资本就不同，而且不同性别个体的社会资本存量也有所不同。因此，本章研究提出如下假设：

假设 H1：创业主体属性对创业者的社会资本存在显著影响。

假设 H111：创业主体的性别差异对创业者的社会资本存量存在显著影响。

假设 H112：创业主体的性别差异对创业者的社会资本利用方式存在显著影响。

假设 H121：创业主体的年龄差异对创业者的社会资本存量存在显著影响。

假设 H122：创业主体的年龄差异对创业者的社会资本利用方式存在显著影响。

假设 H131：创业主体的文化差异对创业者的社会资本存量存在显著影响。

假设 H132：创业主体的文化差异对创业者的社会资本利用方式存在显著影响。

假设 H141：创业主体的归属地差异对创业者的社会资本存量存在显著影响。

假设 H142：创业主体的归属地差异对创业者的社会资本利用方式存在显著影响。

二、创业主体属性与创业能力

创业能力所刻画的是创业者在特定创业地所表现出来的创业成功的可能性，虽然在一定程度上会受到创业者主观能力的影响，但更多的是受到当地创业环境的约束或支持。本章研究将创业能力分为创业主体行动能力、创业资源支持力与创业环境支持力三个方面；创业主体的性别、年龄、文化与归属地的差异，将在一定程度上影响创业主体的行动能力和创业资源支持力，但对创业环境支持力的影响比较有限。

作为个体属性的创业能力，是指在创业实践中体现出来的影响创业实践活动效率，促使创业活动顺利进行的主体心理条件。个体创业能力既不是一个人先天的潜能，也不具有遗传的特征，是创业者在创办事业过程中获得的一种具有进取性的、科学利用各种条件的、善于捕捉机会的、全面把握国家政策和事物发展主要矛盾的综合协调分析能力，需要经过一个培养的过程。秦志华和赖晓（2010）认为，所谓创业能力，就是有利于完成创业任务的行为能力，所针对的就是个体创业能力。先天因素是成功创业者的必要条件，但不是充分条件，后天的努力与机遇非常重要，社会环境、自我的管理、创业能力的培养等，都对创业者的个体创业能力具有显著的影响。创业认知是个体创业能力产生、发展的必要前提，认知过程是产生创意、激发创造力、识别机会的基础。除了认知因素之外，个体的动机、所处的社会环境、知识水平等也制约着个体的创业能力。

夏公喜等（2009）研究了农民创业问题，指出影响农民创业的因素，不仅有地区经济发展水平、产业集聚和发育程度、城市化进程、地理位置、政策环境、市场风险等客观因素，而且有地方创业文化和心理、农民习惯和价值取向、自身知识能力、资本积累等主观因素。外部环境主要影响农民创业的机会，而农民的创业能力在很大程度上取决于农民自身的心理素质和能力素质。心理素质包括创业意识、冒险精神，能力素质包括机会识别、组织管理、适应竞争能力等。

此外，作为社会属性的创业能力，取决于社会的文化、政策、市场环境等因素的综合影响，和创业者本身并没有直接的联系。通常来说，社会创业能力会影响到个体创业能力的发挥。如果社会对创业失败比较宽容，有浓厚的创业氛围；国家对个人财富创造比较推崇，有各种渠道的金融支持和完善的创业服务体系；产业有公平、公正的竞争环境，都有利于推动个体创业的发展。

基于上述分析，提出以下假设：

假设 H2：创业主体属性对创业能力存在一定影响，但影响并不显著。

假设 H211：创业主体的性别差异对创业主体行动能力存在显著影响。

假设 H212：创业主体的性别差异对创业资源支持力存在显著影响。

假设 H213：创业主体的性别差异对创业环境支持力没有影响。

假设 H221：创业主体的年龄差异对创业主体行动能力存在显著影响。

假设 H222：创业主体的年龄差异对创业资源支持力存在显著影响。

假设 H223：创业主体的年龄差异对创业环境支持力没有影响。

假设 H231：创业主体的文化差异对创业主体行动能力存在显著影响。

假设 H232：创业主体的文化差异对创业资源支持力存在显著影响。

假设 H233：创业主体的文化差异对创业环境支持力没有影响。

假设 H241：创业主体的归属地差异对创业主体行动能力存在显著影响。

假设 H242：创业主体的归属地差异对创业资源支持力存在显著影响。

假设 H243：创业主体的归属地差异对创业环境支持力没有影响。

三、创业主体属性与创业战略

创业主体属性的差异，无疑将会影响到其对创业战略的选择。不同性别的创业者，可能会在创业行业与企业规模的选择上表现出明显的差异；不同年龄与文化的创业者，在目标市场的选择上会有所不同，而且在创业行业的偏好上也会有所差异。

陈德智（2001）认为，选择创业战略对于创业者来说非常重要，创业者需要在进行创业环境分析之后，做出切合创业者实际的战略。陈浩义和葛宝山（2008）指出，新创企业的战略选择是在对外部环境、自身资源和能力的分析和评价基础上的决策过程，创业者作为创业战略的决策主体，其自身资源禀赋，包括企业家精神、对环境的认知能力、战略能力和思维能力直接影响到新创企业战略的形成过程，并且提出了基于创业者资源禀赋的创业战略选择模型。王一军、王筱萍和林嵩（2009）指出，创业战略需要与创业行动的整体经营环境和创业者的资源禀赋相匹配，脱离了创业活动的实际情况空谈战略的实施可能和实施效果毫无意义。在创业活动的推进过程中，创业者除了必须关注当前创业活动的竞争环境外，还需要重点关注目前企业自身的资源状况，也就是企业是否拥有或能否获得有效执行战略所需的资源和能力。如果现有资源尚无法提供充分的战略支持，那么创业者的首选行动方向应当是资源拓展，而非匆忙进行市场竞争。

基于上述分析，提出以下假设：

假设 H3：创业主体属性差异对创业战略选择存在显著影响。

假设 H311：创业主体的性别差异对创业方式选择存在显著影响。

假设 H312：创业主体的性别差异对创业行业选择存在显著影响。

假设 H313：创业主体的性别差异对创业规模选择存在显著影响。

假设 H314：创业主体的性别差异对市场导向选择存在显著影响。

假设 H321：创业主体的年龄差异对创业方式选择存在显著影响。

假设 H322：创业主体的年龄差异对创业行业选择存在显著影响。

假设 H323：创业主体的年龄差异对创业规模选择存在显著影响。

假设 H324：创业主体的年龄差异对市场导向选择存在显著影响。

假设 H331：创业主体的文化差异对创业方式选择存在显著影响。

假设 H332：创业主体的文化差异对创业行业选择存在显著影响。

假设 H333：创业主体的文化差异对创业规模选择存在显著影响。

假设 H334：创业主体的文化差异对市场导向选择存在显著影响。

假设 H341：创业主体的归属地差异对创业方式选择存在显著影响。

假设 H342：创业主体的归属地差异对创业行业选择存在显著影响。

假设 H343：创业主体的归属地差异对创业规模选择存在显著影响。

假设 H344：创业主体的归属地差异对市场导向选择存在显著影响。

四、社会资本与创业能力

无论是从创业者社会资本存量角度看，还是从创业者利用社会资本的方式角度看，社会资本均会对创业主体的行动能力产生影响；创业者的社会资本存量越丰富，对社会资本的利用越积极，创业者的行动能力也就越强。创业者社会资本存量与利用方式也会影响到创业者利用社会资源的能力；创业者的社会资本存量越丰富，对社会资本的利用越积极，创业者越容易获取其创业所需要的各类资源。同样，创业者的社会资本存量和对社会资本的利用方式，将会影响到政府创业扶持政策的制定和对创业环境优化的努力程度。因此，创业主体的社会资本对创业能力存在显著的影响。

胡怀敏和范倜（2006）指出，一般来说，创业家和新创企业都缺乏财务资源、人力资源、经营信息、社会支持乃至创业必备的创业能力等，而创业者拥有的社会资本可以帮助他们部分地或完全地解决这些问题。黄志坚（2007）认为，社会资本增强了农村致富带头人的创业能力。吴健辉、黄志坚和俞红莲（2008）借助社会资本理论，在对农村致富带头人能力形成动态分析的基础上，探讨了社会资本与农村致富带头人能力形成的关系，指出良好的社会资本能弥补农村致富带头人人力资本的不足，有利于他们创业能力和经营能力的提高，并对他们的创业成功起比较关键的作用。殷洪玲（2009）从实证研究的角度对企业家社会资本对其创业能力的影响问题进行了探讨，小样本调查的实证研究证明，企业家社会资本的几项指标对创业能力均存在着显著影响，并且影响的程度各有不同。刘兴国（2009）认为，创业者的社会资本会影响到创业者对创业机会的识别，并且决定了其对创业资源的获取与利用能力。

基于上述分析，提出以下假设：

假设 H4：创业主体的社会资本对创业能力具有显著影响。

假设 H411：创业主体的社会资本存量差异对创业主体行动能力存在显著影响。

假设 H412：创业主体的社会资本存量差异对创业资源支持力存在显著影响。

假设 H413：创业主体的社会资本存量差异对创业环境支持力没有影响。

假设 H421：创业主体的社会资本利用方式差异对创业主体行动能力存在显著影响。

假设 H422：创业主体的社会资本利用方式差异对创业资源支持力存在显著影响。

假设 H423：创业主体的社会资本利用方式差异对创业环境支持力没有影响。

五、社会资本与创业战略

在创业研究领域，新创企业的战略选择研究是揭示创业成长过程的一个重要分析角度。企业家社会资本特性往往对于企业在成长初期发展战略的选择会产生巨大影响。在现有的文献中，新创企业的战略研究通常借鉴了成熟企业的战略研究范式，然而，由于企业发展阶段的不同，新创企业的战略出发点、具体的竞争方案选择与实施，必然与成熟企业存在差异。选择创业战略对创业者来说非常重要，创业者需要在对创业基础条件进行分析之后，做出切合创业者实际的战略选择（陈德智，2001）。作为创业者所占有的社会资本，显然是创业者重要的基础创业条件之一。但目前并没有人针对社会资本与创业战略选择问题进行过定性或实证研究，只是从一般的公司战略层面出发，创业者所拥有的社会资本存量，可能会对其创业战略选择产生影响；同样，创业者对社会资本利用方式的不同，也许会影响到其创业战略的具体决策。

丁和才（2007）认为，拥有高关系资本、高横向资本和低纵向资本结构的企业应该选择探索型战略；拥有高纵向资本、低横向资本和关系资本的企业应该选择防御型战略；拥有高关系资本、纵向资本和横向资本的企业应该选择分析型战略。何大军（2008）研究了我国企业高层管理者社会资本对多元化战略选择及其绩效的影响问题，指出我国企业高层管理团队的社会资本对企业多元化战略的选择存在一定的影响，高层管理者的政治网络、经营网络以及校友网络构成的总社会资本对企业业务多元化战略和地域多元化都有显著促进作用，而且高层管理者社会资本对多元化战略的影响会因为企业总部所在区域、所有制性质以及规模的差异而发生相应的变化；企业高层管理团队的社会资本除了对企业绩效有一定的直接影响效应外，还会通过与多元化战略的交互作用来间接影响企业绩效。巫景飞等（2008）也利用上市公司的面板数据，从社会资本视角探讨了高层管理者整治网络与企业战略选择的关系，认为企业高层管理者政治网络对企业业务多元化和地域多元化均有积极促进作用；而且企业规模对企业高层管理者政治网络与企业业务和地域多元化之间具有负向调节作用，企业所在区域和企业所有制的差异都会对企业高层管理者政治网络与企业多元化之间的关系产生影响。

基于上述分析，提出以下假设：

假设 H5：创业主体的社会资本对创业战略有一定程度的影响，但可能并不显著。

假设 H511：社会资本存量差异对创业方式选择存在一定程度的影响，但可能并不显著。

假设 H512：社会资本存量差异对创业行业选择存在一定程度的影响，但可能并不显著。

假设 H513：社会资本存量差异对创业规模选择存在一定程度的影响，但可能并不显著。

假设 H514：社会资本存量差异对市场导向选择存在一定程度的影响，但可能并不显著。

假设 H521：社会资本利用方式差异对创业方式选择存在一定程度的影响，但可能并不显著。

假设 H522：社会资本利用方式差异对创业行业选择存在一定程度的影响，但可能并不显著。

假设 H523：社会资本利用方式差异对创业规模选择存在一定程度的影响，但可能并不显著。

假设 H524：社会资本利用方式差异对市场导向选择存在一定程度的影响，但可能并不显著。

六、社会资本与创业绩效

目前研究学者们已经意识到社会资本的重要性。研究表明，社会资本逐渐成为影响创业绩效的关键因素之一，社会资本水平较高的创业者在市场上往往有更好的业绩表现。企业家社会资本有助于个体创业者实现创业构想，并进而推动新创企业创业绩效的提升。

杨俊和张玉利（2008）指出，社会资本并非直接作用于新创企业的初期绩效，而是嵌入活动层面对创业绩效发生作用。在创业过程中，所利用关系资源更丰富的创业者更容易整合到更充裕的创业资源，新创企业初期绩效表现相应更好；尽管所利用关系强度更高的创业者往往能以更快的速度整合创业资源，但并不能确保创业者能够迅速应付创业初期的资源需求，并不会显著改善新创企业初期绩效。也就是说，社会资本的数量会显著影响创业绩效，而其关系强度对创业绩效的影响并不显著。耿新（2008）的研究表明，企业家商业性关系资源、制度性关系资源和其他关系资源对新创企业的经营成长绩效均具有明显推动作用；企业家商业性关系资源和其他关系资源对新企业创新绩效具有明显促进作用。田虹和礼丹萌（2009）探讨了企业家社会资本影响企业绩效的途径和作用机理，认为通过企业内部的整合机制，企业家社会资本可以转化为企业的动态核心能力，从而形成企业的核心竞争力，提高企业绩效。房路生、顾颖和张晓宁（2010）以陕西创业企业为例，通过与人力资本相比较，采取实证方法对企业家社会资本对创业绩效的影响进行具体分析；运用主成分分析法对企业家社会资本和创业绩效分别作归类分析，以创业绩效为因变量，企业家社会资本和人力资本及他们的交叉项为自变量，建立多元线性回归模型。分析结果表明，企业家社会资本对创业绩效的贡献作用远远超过人力资本。李作战（2010）将科技型中小企业社会资本提炼为企业与外部组织间的社会性互动、企业与外部组织间的关系质量以及企业与外部组织间的认知三个方面，剖析了科技型中小企业社会资本对创业绩效的影响机理，证实了科技型中小企业社会资本是提升创业绩效的重要资源。

基于上述分析，提出以下假设：

假设 H6：社会资本对创业绩效存在一定影响，但其效果并不显著。

假设 H61：社会资本存量对创业绩效存在一定影响，但其效果并不显著。

假设 H62：社会资本利用方式对创业绩效存在一定影响，但其效果并不显著。

七、创业能力与创业绩效

有不少学者对创业能力与创业绩效的关系进行了研究，而且基本上都得出了创业者创业能力影响创业绩效的结论。Parker 和 Van Praag（2006）认为，受教育程度和过去的工作经验可以直接和间接影响新创企业绩效。Man、Lau 和 Chan（2002）认为，创业者过去的创业经历能够预见企业的未来绩效。总体来看，无论是创业者的主体行动能力，还是创业的资源支持力与环境支持力，都会对新创企业的创业绩效产生显著影响。

徐进（2008）认为，创业者创业能力的提升对创业绩效有显著的正向影响作用，而且创业能力在中小企业创业者学习与创业绩效之间起部分中介调节作用。罗志恒（2009）在文献研究的基础上提出了创业能力与企业绩效转化路径综合模型，通过理论研究明晰了各研究要素之间的关系，提出了 27 个假设，并通过对东北地区和华北地区 96 家成熟企业和 112 家高科技初创企业的实证研究证明了该模型的有效性。常冠群（2009）指出，创业能力作为一种独特的能力，对企业的资源获取和绩效有着重要影响，通过网络联系形成的网络能力同样也对企业发展起着重要的作用，并且构建了创业能力、网络能力、资源获取、创业绩效之间的关系模型，利用对东北三省 368 家企业的问卷调研数据进行实证分析，证实创业能力对资源获取与创业绩效具有显著影响。郭海（2010）基于制度理论和动态能力观点构建了监督机制、企业家创业能力和绩效间关系的理论框架，并利用 195 家企业样本检验所提假设，结果表明：董事长与总经理两权分离有利于企业家创业能力发挥；股权集中度越高，创业能力发挥的水平越低；创业能力发挥有助于提升企业绩效。

基于上述分析，提出以下假设：

假设 H7：创业能力对创业绩效存在显著影响。

假设 H71：创业主体的行动能力对创业绩效存在显著影响。

假设 H72：创业资源支持力对创业绩效存在显著影响。

假设 H73：创业环境支持力对创业绩效存在显著影响。

八、创业战略与创业绩效

在新创企业成长过程中，创业战略对创业绩效有直接的促进作用。林嵩（2007）指出，影响创业战略的因素除了创业机会的市场层面特征和产品层面特征以外，还包括企业所吸纳的外部资源，创业者必须协调这些因素之间的关系，促进创业良性成长。杨俊（2008）的研究也验证了社会资本利用方式的区分维度及其对创业绩效的作用机制，为未来研究从战略层面考虑创业者选择、配置并利用网络的行为逻辑与创业绩效之间的复杂作用关系奠定了微观知识基础。

薛红志（2006）认为，新创企业的战略模式选择对创业导向与创业绩效之间的关系起着调节作用，创业导向与创业绩效之间的关系并不是一成不变的，而是受到具体战略模式选择的影响。李良成（2007）研究了新创科技企业创业战略与创业绩效的关系问题，认为影响新建科技企业绩效的因素应从创业战略角度进行分析，并以留学回国人员科技创业为例研究了创业战略与创业绩效之间的关系，得到了创业战略显著影响创业绩效的结论。林嵩（2007）研究了创业战略与创业绩效之间的综合作用机制，采用了结构方程模型分析方法，基于实际调研回收的大样本问卷数据，应用 AMOS 软件对研究中的各项假设进行检验，研究结果表明，在新创企业成长过程中，创业战略对创业绩效有直接的促进作用。柳燕（2007）以环境—战略—绩效为主线，研究三者间的关系以及对中国汽车企业国际创业的启示，在理论推导的基础上构建了创业环境、创业战略及企业绩效之间的关系模型；利用对国内 17 家汽车企业的问卷调研数据进行实证分析，检验结果表明，创业战略对创业绩效具有显著的直接影响。陈高生（2008）认为，转型期中国企业家特征分析应采用广义的框架，包括改革愿望、创业倾向、创业能力、社会网络、成就的需求、性格特征六个方面；相似的企业之所以有不同的创业绩效，就是因为企业家的不同特征对创业核心要素，诸如机会、创业能力、创业文化产生了不同的影响。易朝辉（2010）基于资源视角拓展了创业导向与创业绩效的经典模型，通过数据调查实证检验了资源整合能力、创业导向以及创业绩效三者之间的关系，指出资源整合能力与创业绩效存在显著正相关，而创业导向则在资源整合能力与创业绩效之间发挥着中介作用。

基于创业战略与创业绩效之间的关系，提出以下假设：

假设 H8：创业战略对创业绩效存在显著影响。

假设 H81：创业方式选择对创业绩效存在显著影响。

假设 H82：创业行业选择对创业绩效存在显著影响。

假设 H83：创业规模选择对创业绩效存在显著影响。

假设 H84：创业市场导向选择对创业绩效存在显著影响。

第三节　本章小结

本章包含研究变量设计与基本假设提出两个部分。首先，本章分别对创业者的主体属性、社会资本、创业能力、创业战略与创业绩效五个隐变量进行了概念介绍与内涵界定，同时分别对主体性别、主体年龄、主体文化、主体归属地等 14 个观察变量进行了概念介绍与内涵界定。其次，本章围绕五个基本的隐变量，对相关文献做了进一步针对性综述，并且在文献综述的基础上，提出了待检验的相关假设，包括 8 个一级假设和 59 个二级假设。

第六章　研究数据的收集与基本分析

研究数据的收集是定量研究的基础。本章将对研究对象的确定、研究问卷的设计、研究数据的具体收集进行必要介绍；并根据访问所获取的数据，对访问样本的具体分布情况进行必要的分析，同时对样本数据作必要的简单分析。

第一节　研究对象

本章研究的主题是社会资本与企业创业绩效关系。为了真实测量出社会资本对创业企业绩效的影响关系和影响程度，本章以创业企业家作为研究对象。本章要求调研对象必须满足以下条件：第一，有自己亲自创办的企业，并一直都在负责企业的经营；第二，企业在最近几年内创设，并且仍在继续经营。考虑到国有企业设立的特殊性，[①] 本章没有把国有企业考虑在内，而是仅针对民营企业这一特殊的新创企业类型。

---

① 与民营企业不同，很多国有企业的创业活动并不是出于创业机会的出现与利用，而是出于国有资本使用者或管理者的个人主观意愿，所以很难去测量其真实的创业绩效，也很难去要求他们对创业环境做出准确的判断，因而研究排除了这一类对象。

第二节　问卷设计

由于缺乏现有的关于企业家社会资本的权威统计数据，所以本章研究通过问卷调查来获取，其目的是希望通过从研究对象总体中选取部分个体加以研究从而推断出研究对象总体的特征。马庆国（2002）认为，规范的实证研究要获得成功有两个关键之处：一是获得数据；二是处理数据。而获得数据需要靠科学地设计问卷和正确地收集数据。正确处理数据，要运用恰当的统计学工具；而问卷问题则要根据研究目标设立，要依据调查对象的特点来设置问题，不能设置得不到诚实回答的问题，对可能得不到诚实回答而又必须了解的数据可通过变换问题问法来获得。

针对本章研究的五个指标，调研问卷分别从以下几个方面设计了相应问题。

问卷第一部分测量创业企业家的个人社会资本。布兰迪厄指出，个人拥有社会资本的多少取决于两个因素：一是"行动者可以有效地加以运用的联系网络的规模的大小"；二是网络中每个成员"以自己的权力所占有的资本的多少"。[1] 本章研究问卷采用创业者联系网络规模的大小来测量其社会资本存量。在设置有关社会资本测量的问题时，主要参考了春节拜年网[2] 问卷设计的格式，在问卷中询问创业企业家日常使用的通讯录中人员的数量，并且要求其根据问卷所列出的职业

---

[1] Bourdieu, Pierre. "The Forms of Capital", in Richardson, John G. (ed.). *Handbook of Theory and Research for the Sociology of Education.* Westport, CT: Greenwood Press, 1986.

[2] 春节拜年网是边燕杰提出的在中国社会依托于"春节拜年"这一时间来测量个人的社会关系网络的一种方法。春节拜年网是测量中国人社会网络资本的有效工具，在很多的后续研究中，都使用了春节拜年网来测量个人社会资本。

类型分别填写联系人数量。为了测量不同人员对创业企业家的重要度，要求创业企业家分别列出各类人员中对创业和新创企业发展最为重要的一类。同时，问卷询问了创业企业家利用个人社会资本的方式。

问卷第二部分旨在测量创业能力，并且分别从主体行动能力、资源支持力和环境支持力三个角度来对创业能力进行测量。问题 T1、T2、T3 和 T6 用来测量创业主体的行动能力；问题 T4、T5、T7、T13 和 T14 用来测量创业资源支持力；问题 T8、T9、T10、T11 和 T12 用来测量创业环境支持力。为了回避同类问题对被调查者回答的干扰，问卷特意打乱了问题的排序。

问卷第三部分用来测量创业战略和创业绩效。创业战略由问题 Q2、Q3、Q4 和 Q7 来实现。其中问题 Q2 测量创业方式，Q3 测量创业行业选择，Q4 测量创业规模选择，Q7 测量创业的市场导向选择。创业绩效的测量由问题 Q5 和 Q6 来实现。

问卷第四部分用于收集被调查者的人文分类资料，这些内容主要涉及创业主体属性。问题 E1 询问了创业者的性别，E2 询问了创业者的年龄，E3 询问了创业者的受教育状况，E4 询问了创业者是否在自己的家乡创设与经营企业。

第三节　数据收集

本章所需要的研究数据均通过实地调研获取。为获得研究所需要的数据资料，采取了问卷发放的形式。考虑到研究的便利性以及研究数据的有效性，研究问卷分别在北京、南京两地发放给了 MBA 班的学员，由 MBA 班中拥有自己企业的学员进行填写。为及时收集到足够多的研究问卷，同时要求 MBA 班学员利用自己的社会关系网络，按照便利取样的基本原则，从个人关系网络资源中抽取符合研究要求的研究样本来实施市场调研。在问卷调研活动开始之前，在课堂上对学生详细说明了调研的要求，并特别强调了调研问卷质量与学生课程考核成绩之间的关系，以确保学生能够认真完成问卷的调研。

由于调研活动均由 MBA 学员来完成，因而数据收集进行得较为缓慢，本次调研前后共延续了近一年时间。问卷调研最后实际回收问卷252 份，其中有效问卷 184 份。

第四节　样本分析

研究问卷收集了有关受访创业者的性别、年龄、受教育程度和创业者创业归属地方面的资料；相关数据的收集，一方面是为了了解创业者的具体情况，另一方面是为了分析创业主体属性差异对创业活动的具体影响。调研结束后，按照创业主体属性资料对研究样本进行了统计，关于研究样本在性别、年龄、受教育程度和创业归属地四个方面的具体分布状况分别如表 6-1、表 6-2、表 6-3 和表 6-4所示。

表 6-1　研究样本的性别分布

		频率（个）	百分比（%）	有效百分比（%）	累计百分比（%）
有效样本	男	158	85.9	85.9	85.9
	女	26	14.1	14.1	100.0
	合计	184	100.0	100.0	

表 6-2　研究样本的年龄分布

		频率（个）	百分比（%）	有效百分比（%）	累计百分比（%）
有效样本	30 岁以下	37	20.1	20.1	20.1
	31~45 岁	107	58.2	58.2	78.3
	46~60 岁	39	21.2	21.2	99.5
	61 岁以上	1	0.5	0.5	100.0
	合计	184	100.0	100.0	

表 6-3　研究样本的受教育程度分布

		频率（个）	百分比（%）	有效百分比（%）	累计百分比（%）
有效样本	初中及以下	1	0.5	0.5	0.5
	高中与中专	35	19.0	19.0	19.6
	大专与本科	114	62.0	62.0	81.5
	本科以上	34	18.5	18.5	100.0
	合计	184	100.0	100.0	

表 6-4　研究样本的创业归属地分布

		频率（个）	百分比（%）	有效百分比（%）	累计百分比（%）
有效样本	在家乡所在地创业	85	46.2	46.2	46.2
	在非家乡所在地创业	99	53.8	53.8	100.0
	合计	184	100.0	100.0	

　　从研究样本的性别分布情况看，本次研究的创业者主要为男性，所占比例高达 85.9%，女性所占比例较低。从研究样本的年龄结构看，主要集中在 31~45 岁，所占比例高达 58.2%；45 岁以下的样本更是累计占到 78.3%。从研究样本的受教育程度看，受访者具有较高的受教育水平，而且主要集中在大专与本科层次，所占比例为 62%；大专以上累计比例占 80.4%。从创业者的创业所在地分布看，受访样本中异地创业者占多数，所占比例为 53.8%。

第五节　数据分析

本章研究以问卷调查的数据作为基础，对数据进行描述性统计、信度与效度检验、相关分析、多元回归分析和结构方程模型检验等工作。使用的分析统计软件为 SPSS 和 AMOS。

一、描述性统计分析

针对企业家的基本资料，主要从企业家性别、所属行业、年龄、创业归属地等方面进行统计分析，一方面可以说明各变量样本数、百分比等，同时也基本描述了创业者的主体属性状况。具体结果见表 6-1、表 6-2、表 6-3 和表 6-4。

对问题 R1 进行统计，获得被调查创业企业家的个人平均社会资本分布状况如表 6-5 所示。从表 6-5 可以发现，被调查者均拥有一定数量的社会资本，而总体社会资本数量分布较多的是其他人员与企业业务员。但总体来看，被调查者社会资本的重合度较高，平均重合度达到 31.53%；最低重合度为 1%，最高重合度达到了 100%。从被调查者的表述看，无论是对新企业的创设而言，还是对新创企业的发展而言，最为重要的社会资本是企业中高层管理人员，其次是行政官员，然后是金融机构的中高层负责人。具体结果见表 6-6。

对问题 T1~T14 进行统计，获得被调查创业企业家关于创业能力判断的平均评价值如表 6-7 所示。

表 6-5　研究样本的平均分类社会资本分布

	R1A	R1B	R1C	R1D	R1E	R1F	R1G	R1H	有效样本 N
N	184	184	184	184	184	184	184	184	184
最小值	0	0	0	0	1	0	0	0	
最大值	150	180	102	100	150	200	100	480	
平均	13.30	18.78	7.34	11.86	21.14	26.70	11.64	63.18	
标准差	17.741	19.184	10.309	11.688	21.612	24.751	11.874	67.925	

表 6-6　社会资本对创业与创业发展的重要度分布

单位：%

	R1A	R1B	R1C	R1D	R1E	R1F	R1G	R1H	有效样本 N
创业重要度	0.24	0.03	0.18	0.01	0.37	0.08	0.06	0.03	184
创业发展重要度	0.24	0.05	0.20	0.01	0.30	0.08	0.14	0.00	
综合重要度	0.24	0.04	0.19	0.01	0.33	0.08	0.10	0.02	

表 6-7　研究样本关于创业能力的评价均值

	T1	T2	T3	T4	T5	T6	T7	T8
N	184	184	184	184	184	184	184	184
最小值	1	1	1	1	1	1	1	1
最大值	5	5	5	5	5	5	5	5
平均	3.33	3.77	3.05	3.30	3.43	3.74	3.54	3.68
标准差	1.015	0.857	1.012	1.031	1.089	0.978	1.086	1.071

	T9	T10	T11	T12	T13	T14	有效样本 N
N	183	184	184	184	184	184	183
最小值	1	1	1	1	1	1	
最大值	5	5	5	5	5	5	
平均	3.27	3.19	3.07	3.04	3.52	3.56	
标准差	1.168	1.087	1.114	1.106	1.135	1.070	

　　求取各指标所包含问题平均值的均值，分别获得被调查创业企业家对创业主体行动能力、创业资源支持力和创业环境支持力的评价均值，如表 6-8 所示。统计结果表明，各项均值都在 3.2 以上，即被调查的创业者对创业能力基本上持较为肯定的态度。

表6-8 研究样本关于创业能力具体指标的评价均值

	主体行动能力	资源支持力	环境支持力
平均值	3.47420	3.47070	3.24670
标准差	0.64630	0.74306	0.84917

被调查企业2008年和2009年的绩效情况分别如表6-9、表6-10所示。

表6-9 研究样本企业2008年绩效状况

	频率（个）	百分比（%）	有效百分比（%）	累计百分比（%）
盈利状况很好	39	21.2	21.2	21.2
盈利状况一般	110	59.8	59.8	81.0
不亏不盈	24	13.0	13.0	94.0
亏损	11	6.0	6.0	100.0
合计	184	100.0	100.0	

表6-10 研究样本企业2009年绩效状况

	频率（个）	百分比（%）	有效百分比（%）	累计百分比（%）
盈利状况很好	57	31.0	31.0	31.0
盈利状况一般	99	53.8	53.8	84.8
不亏不盈	20	10.9	10.9	95.7
亏损	8	4.3	4.3	100.0
合计	184	100.0	100.0	

从表6-9和表6-10可以看现，本次被调查企业的整体盈利状况较好，而且从总体上看，2009年的盈利状况要好于2008年。这和我国经济发展的整体状况基本吻合；也就是说，虽然受到金融危机与经济危机的冲击，但在政府投资刺激计划的推动下，我国国民经济实现了快速复苏，被调查样本企业的效益在这两年中并没有受到明显的不利影响。

二、信度检验

信度是指衡量效果的一致性和稳定性，统计学中一般用

Cronbach'α 值来衡量问卷的信度。一般而言，只有较高的一致性指数值才能保证变量的测度符合信度要求。按照经验判断方法，保留的测量题项对变量所有题项的相关系数应大于 0.35，并且测度变量的 Cronbach'α 值应该大于 0.70（Nunnally 和 Bernstein，1994）。[1] 本问卷利用创业能力的测量表数据来测度调研信度，得到 Cronbach'α 的值为 0.851，符合有关信度检测要求，表明本次研究所获得数据符合信度要求。

三、结构方程模型分析

管理研究当中最常见的统计方法基本可以分为两类：一是以回归为代表的第一代统计模型；二是以结构方程模型为代表的第二代统计模型（Structural Equation Model，SEM）；本章研究在基本统计分析的基础上，运用结构方程模型再进行如下分析：①用 SEM 检验模型，进行路径分析并检验研究假设。②绘出路径分析图，考察创业主体属性、社会资本、创业能力、创业战略与创业绩效之间的相互结构影响。

第六节　本章小结

本章包括了五个方面的具体内容。①对研究对象进行了必要说明，界定了可能的受访对象。②对研究问卷的设计及其具体内容进行了介绍，明确了研究问卷的基本结构与主要内容；然后，对研究数据的收

---

[1] 关于 Cronbach'α 的取值问题，不同的学者有不同的看法，也提出过一些不一样的判断标准。如，Wortzel（1965）和 Guedford（1965）认为，Cronbach'α 值小于 0.35 为低信度，问卷获得的数据不能用于实证分析；Cronbach'α 值在 0.50 以上则可以采用问卷所获得的数据来进行实证分析。

集过程进行了介绍。③根据所获取的样本数据，分别从受访样本的性别、年龄、受教育程度与归属地角度，对受访样本的分布状况进行统计分析。④对访问结果做了简单的数据分析，包括简单的描述性统计分析、研究问卷的信度检验和结构方程模型分析介绍。

第七章 区域创业活动比较研究

第一节 区域社会资本差异比较

一、社会资本存量与结构比较

创业主体的社会资本存量与结构，对创业活动的产生与创业企业的发展，均具有积极的推动作用。创业主体的社会资本差异不仅仅表现在社会资本存量上的差异，更重要的是来自结构上的差异。我们在研究创业主体的社会资本时，往往都用社会资本存量上的差异来掩盖它们的结构差异；这将导致我们陷入片面增加社会资本存量的陷阱。社会资本的结构差异与创业主体本身属性与行为有关，受创业主体差异的影响，既有可能是由低水平向高水平的社会资本结构变迁，也有可能是由高水平向低水平的社会资本结构变迁，当社会资本结构水平滑落到一定程度的时候，它就会对创业主体的创业活动带来不利影响。

本章研究对创业者社会资本存量与结构的研究，都基于被访创业者的电话通讯簿。问卷要求受访的创业者对其电话通讯簿中的联系人按照表 7-1 所列八种类别进行归类，169 份有效问卷的统计结果如表 7-1 所示。

表7–1 创业者平均社会资本存量

单位：%

	行政官员	一般公务员	金融机构中高层负责人	金融机构一般职员	企业中高层管理者	企业业务员	技术研发人员	其他人员
总体均值	11.76	17.36	7.41	11.97	20.21	27.14	11.92	62.52
苏北均值	11.70	17.77	7.97	13.09	18.06	26.26	11.31	54.30
苏南均值	11.80	17.10	7.06	11.25	21.59	27.71	12.31	67.79

从总体角度看，受访创业者具有较高的社会资本存量水平，而且各类社会资本均占有一定的比例。在所有的社会资本存量中，未被明确分类的其他人员（含亲朋好友等）明显占有绝对的优势，在创业者社会资本构成中高居第一位。居于第二位的是作为营销关系资本的企业业务员，第三位的是企业中的中高层管理者。一般公务员、金融机构一般职员、技术研发人员分居第四、第五、第六位。行政官员与金融机构中高层负责人位居第七、第八位。从问卷调查结果看，苏南受访创业者的社会资本存量明显高于苏北；从社会资本构成看，苏南受访者在行政官员、企业中高层管理者、企业业务员、技术研发人员、其他人员上所积累的社会资本均高于苏北受访创业者；而苏北受访创业者则在一般公务员、金融机构中高层负责人、金融机构一般职员层面上拥有更多的社会资本。

苏南与苏北的社会资本结构差异，基本上反映了两地经济发展水平与市场完善程度的差异。由于苏南地区起步早、发展快，经济发展水平远高于苏北地区；与之相适应，随着经济的发展，苏南地区市场不断成熟，企业经营环境与创业环境持续优化，政府对经济活动的干预日渐减少，金融机构的信贷管理趋于规范。在政府干预弱化与金融规范化的影响下，苏南创业者的社会资本战略发生了重大变化：行政与金融网络的地位趋于弱化，而亲朋网络与技术网络的地位得到明显加强。对经济落后的苏北地区来说，规范化程度远低于苏南地区，经济活动的行政干预仍然普遍存在，社会关系网络对信贷资源的取得依然具有十分重要的影响作用；为了更好地创业与发展，苏北创业者不得不在行政与金融社会资本的发展上采取更积极的策略。

二、社会资本冗余度比较

创业者在发展个人社会资本时，不可避免地会使用到熟人网络，也就是说，创业者的社会网络关系中，或多或少的会有一些成员是相互认识的。对创业者来说，其社会网络中相互认识的比率越高，所能提供信息的重复度也就越高，网络通路的有效覆盖范围重叠的也就越多；而这显然会降低个人社会网络对创业者的功用。本章用社会资本的冗余度来刻画创业者社会网络中成员之间相互认识的比率。保留适当的社会资本冗余，有助于提高创业者社会网络的安全性；但过高的社会资本冗余度，将明显降低社会资本的效用，弱化创业者的信息获取能力与资源有效通达能力。

表 7-2 反映了苏南与苏北地区创业者社会资本的冗余度。总体上看，被调查的创业者社会资本冗余度尚处于可接受的范围之内，并没有出现明显偏高的社会资本冗余度。这一社会资本结构，既能够保证创业者有效通达更多的资源，获取更为全面的信息；同时也能够确保创业者在某一网络通路出现故障时，通过迂回通路达成自己的目的。从表 7-2 看，苏北创业者的社会资本冗余度显著低于苏南，这一差异表明，苏北创业者更多地利用了生人网络，而苏南创业者则更多地发展了熟人网络。苏北创业环境的相对复杂，要求创业者从更多渠道来获取创业信息与创业资源，因而创业者不得不主动寻求对生人网络的

表 7-2 创业者社会资本冗余度

单位：%

	社会资本冗余度
总体均值	34.38
苏北均值	30.89
苏南均值	36.61

开发。总体上看，个人社会资本可能给苏北创业者带来了比苏南创业者更高的效用。

三、社会资本类别的重要度比较

社会资本的积极贡献在于，其拥有者可以通过社会网络来控制与使用社会网络中的嵌入资源。显然，个人社会网络中不同类别的成员，其所嵌入的社会资源存在显著差异；而且在创业不同阶段，这些嵌入资源的作用也会有所不同。中国私营企业课题组（1994）的大样本调查发现，私营企业主主要关注社会资本的两个方面：一方面是在创业初期为了获得贷款，重视与金融部门人员的社会资本积累；另一方面是为了获得政府支持，与政府部门的官员搞好关系以招揽项目。张厚义（2002）对私营企业的研究发现，私营企业主最看重的是关系，在朋友里排第一位的是政府官员，其次是银行职员，这些关系甚至比商业机密还重要。

表7-3反映了不同类别社会资本对苏南、苏北创业者而言的创业重要度。无论是从总体角度看，还是分别从苏南、苏北地区角度分析，不同类别社会资本对创业者的创业重要度都存在显著差异。从总体角度看，对江苏创业者创设企业而言最为重要的社会资本类别是企业中高层管理者，有37.28%的受访创业者认为企业中高层管理者对创业最为重要，其次分别是行政官员、金融机构中高层负责人、企业业务员、技术研发人员、一般公务员、其他人员与金融机构一般职员。总体而言，一般公务员、其他人员与金融机构一般职员对创业者创设企业基本上没有影响，企业中高层管理者、行政官员、金融机构中高层负责人则可以显著地推动创业行为的发生。从地区比较角度分析，企业中高层管理者、行政官员、金融机构中高层负责人、企业业务员对创业的重要度在苏南和苏北虽然有一定差异，但重要度的排序并无不同。关键的差异在于：一般公务员在苏北创业中具有较高的重要度，而技术研发人员

则在苏南创业中拥有较高的重要度。这一差异表明，与苏北相比，苏南创业者更多地依赖于技术基础，基于技术领先的创业倾向更为明显。

表7-3 不同类别社会资本的创业重要度

单位：%

	行政官员	一般公务员	金融机构中高层负责人	金融机构一般职员	企业中高层管理者	企业业务员	技术研发人员	其他人员
总体均值	22.49	2.96	16.57	0.59	37.28	10.06	7.10	2.96
苏北均值	22.73	6.06	19.70	1.52	37.88	7.58	1.52	3.03
苏南均值	22.33	0.97	14.56	0.00	36.89	11.65	10.68	2.91

表7-4统计了不同类别社会资本在苏南、苏北新创企业发展中的重要度。与创业者创设企业相比，各类别社会资本的重要度发生了明显变化。虽然从总体上看，依然是企业中高层管理者、行政官员、金融机构中高层负责人分列前四位，但企业中高层管理者的重要度已经从37.28%显著下降到了28.04%，而金融机构中高层负责人的重要度则从16.57%显著上升到了19.53%。对创设企业来说，居第四位的社会资本类别是企业业务员，而对新创企业发展而言，居第四位的则是技术研发人员。企业业务员可以为创业提供机会，而创业发展则更多的需要技术研发来提供支持。同样，与创设企业相比，一般公务员对新创企业发展的作用有所上升，而其他人员对创业发展的作用则有所弱化。

表7-4 不同类别社会资本的创业发展重要度

单位：%

	行政官员	一般公务员	金融机构中高层负责人	金融机构一般职员	企业中高层管理者	企业业务员	技术研发人员	其他人员
总体均值	23.08	4.73	19.53	0.59	28.40	9.47	13.61	0.59
苏北均值	22.73	6.06	25.76	0.00	19.70	13.64	10.61	1.52
苏南均值	23.30	3.88	15.53	0.97	33.98	6.80	15.53	0.00

表7-4表明，各类别社会资本对新创企业发展的作用，在苏南、苏北存在明显差异。对苏北新创企业来说，金融机构中高层负责人最

为重要，有 25.76% 的创业者认为金融机构中高层负责人是自己创业发展的最重要的社会资本；而对苏南新创企业而言，企业中高层管理者是最为重要的社会资本，有 33.98% 的创业者指出企业中高层管理者是自己创业发展中最重要的社会资本。只有 19.70% 的苏北创业者认为企业中高层管理者对新创企业发展最重要，企业中高层管理者在苏北社会资本类别排名中只居第三位；同样，只有 15.53% 的苏南创业者认为金融机构中高层负责人是创业发展中最重要的社会资本，金融机构中高层负责人在苏南社会资本排名中也只居第三位。由于苏北资金相对缺乏，资金来源渠道单一，创业发展更依赖于银行信贷资金，因而金融机构中高层负责人对新创企业发展显得尤为重要。而对经济环境相对成熟的苏南地区而言，新创企业的发展更依赖于企业中高层管理者的科学决策和来自外部企业中高层管理者的业务支持。基于同一原因，企业业务员在苏北新创企业发展中具有更重要的作用，而技术研发人员则在苏南新创企业发展中发挥了更大影响。

四、社会资本利用方式比较

不同于物质资本，社会资本不会因为使用而减少，但会由于不使用而枯竭。社会资本具有可再生性，是非短缺的，而且将随着不断的消费和使用而增加其价值。基于社会资本的这一特殊属性，为充分发挥社会资本的作用，创业者应当积极利用个人社会资本。杨俊和张玉利（2008）对创业者利用社会资本的方式进行了研究，指出创业者依据机会特征适当选择社会资本利用方式有助于创业成功。表 7-5 表明，所调查的创业者基本上都对个人社会资本进行了积极的利用，只有极少数的创业者是在被动地等待社会资本自发的发挥作用；而且从创业者对社会资本的利用方式看，多数创业者都选择了根据创业发展需要积极开发新的社会资本。从地区差异看，苏北地区创业者积极开发新社会资本的比率高于苏南地区 3.87 个百分点，而苏南地区创业者则在选择性利用社会资本选项上高于苏北地区 2.47 个百分点。这一结论和苏南、苏北社会资本冗余度差异保持了较好的一致性，正是基于苏北地区创业者对新社会资本更为积极的开发，使其社会资本的冗余度低于苏南地区。

表 7-5　不同地区创业者社会资本利用方式

单位：%

	选择性利用	积极开发新资本	被动等待
总体均值	37.90	59.80	2.40
苏北均值	36.36	62.12	1.52
苏南均值	38.83	58.25	2.91

第二节　区域创业能力差异分析

根据问卷调研的具体数据，对创业环境支持力、创业主体行动能力、创业资源支持力各题项分别进行信度检验，得到 Cronbach's α 分别为 0.844、0.741、0.622。也就是说，问题 T1、T2、T3、T4、T5 和 T6 有效测量了创业环境支持力，问题 T7、T8、T9、T10 和 T11 有效测量了创业主体的行动能力，问题 T12、T13 和 T14 有效测量了创业资源支持力。对各题项进行数据缩减，以提取主成分，在运算过程中利用方差最大法进行旋转，得到旋转主成分矩阵如表 7-6 所示。

表 7-6　旋转主成分矩阵

	成分		
	1	2	3
T1	0.673		
T2	0.538		
T3	0.660		
T4	0.812		

	成分		
	1	2	3
T5	0.850		
T6	0.809		
T7		0.541	
T8		0.684	
T9		0.805	
T10		0.715	
T11		0.523	
T12			0.772
T13			0.755
T14			0.514

提取方法：主成分分析。
旋转方法：方差最大正交旋转。
α：6 次迭代旋转。

表 7-6 表明，提取的主成分与预设的变量保持了一致，可以将问题 T1、T2、T3、T4、T5 和 T6 命名为创业环境支持力，可以将问题 T7、T8、T9、T10 和 T11 命名为创业主体的行动能力，可以将问题 T12、T13 和 T14 命名为创业资源支持力。表 7-7 列出了受访创业者对全部 14 个题项的回答平均值，并根据表 7-7 数据计算得出创业环境支持力、创业主体的行动能力和创业资源支持力的评价值如表 7-8 所示。

表 7-7　全部 14 个题项受访者的平均得分

	T1	T2	T3	T4	T5	T6	T7
总体均值	3.59	3.66	3.40	3.30	3.21	3.12	3.34
苏北均值	3.55	3.52	3.38	3.20	3.13	3.07	3.31
苏南均值	3.65	3.86	3.44	3.45	3.33	3.20	3.38
	T8	T9	T10	T11	T12	T13	T14
总体均值	3.81	3.79	3.68	3.69	3.09	3.34	3.52
苏北均值	3.83	3.69	3.58	3.55	3.09	3.19	3.30
苏南均值	3.79	3.95	3.83	3.91	3.11	3.58	3.86

表7-8 创业环境支持力、创业主体的行动能力和创业资源支持力的评价值

单位：%

	环境支持力	主体行动能力	资源支持力
总体均值	3.38	3.66	3.32
苏北均值	3.31	3.59	3.19
苏南均值	3.49	3.77	3.52

从表7-7数据看，各题项的平均得分都不是很理想，题项T12的平均得分最低，只有3.09；题项T8的平均得分最高，但也仅有3.81。分地区看，除题项T8以外，苏北地区受访创业者的平均得分均低于苏南地区。

从表7-8看，创业环境支持力、创业主体的行动能力和创业资源支持力的评价值均处于较低水平，其中创业主体的行动能力的评价值相对最高，为3.66，创业资源支持力的评价值相对最低，为3.32。从地区比较角度看，苏北地区受访创业者对创业环境支持力、创业主体的行动能力和创业资源支持力的评价值均低于苏南地区。从具体指标看，无论是苏北地区还是苏南地区，受访创业者对创业主体的行动能力的评价值均在三个评价指标中处于最好水平。对苏北地区创业者来说，对创业环境支持力的评价值要高于对创业资源支持力的评价值；而对苏南地区来说，对创业环境支持力的评价值则低于对创业资源支持力的评价值。也就是说，苏北地区创业者更多地感受到了来自创业环境的支持，而苏南地区创业者则更多地感受到了来自创业资源的支持。

第三节 区域创业战略差异分析

本章研究用创业方式、创业行业、创业规模与市场定位来描述创

业者的创业战略；通常而言，创业者将根据自身条件与外部市场环境，对自己的创业战略组合做出合适的抉择。

创业者在创业时，有些会选择自己独立创业，另一些则可能倾向于选择合伙创业。独立创业最终形成的是独资企业，是企业制度序列中最初始和最古典的形态，也是民营企业主要的企业组织形式。独立创业条件下，企业资产所有权、控制权、经营权、收益权高度统一，这有利于保守与企业经营和发展有关的秘密，有利于个人创业精神的发扬；而且企业经营好坏同个人经济利益紧密相连，外部法律法规等对企业的经营管理、决策、进入与退出、设立与破产的制约较小。但独立创业往往难以筹集大量资金，而且投资风险完全由个人承担。因此，那些风险承受能力相对较差而且自有资金不足的创业者，将会倾向于选择与他人合伙创设企业。

表7-9反映了受访创业者创业方式选择的总体分布，以及苏南、苏北地区的分布状况。从总体角度看，江苏创业者更多地倾向于选择合伙创业，而独立创业的创业者则只占43.20%。从地区角度看，苏南与苏北的创业者在选择创业方式时，存在明显的差异：苏北创业者显然更明显地倾向于选择与他人合伙创业，以快速筹措创业与发展资金和分担创业风险；只有1/3的苏北创业者会选择独立创业。苏南创业者在创业方式选择上显然并没有明显的倾向性，独立创业与合伙创业的比率基本相当，这可能和苏南地区创业者相对具有更好的创业资金基础和较好的风险承担能力有关。

表7-9　苏南、苏北创业方式比较

单位：%

	独立创业	合伙创业
总体均值	43.20	56.80
苏北均值	33.33	66.67
苏南均值	49.51	50.49

创业行业选择，受到创业者个人偏好、既有经验基础、创业初始资金、所在区位、消费群体特征等诸多条件的影响，而不尽相同。一般而言，创业者应当选择那些国家政策鼓励和支持，并有发展前景的行业；但对资金规模较小的创业者来说，进入那些竞争性的行业也许是一个更为合适的选择。

受访创业者的行业选择分布如表7-10所示。从江苏的总体分布看，受访创业者显然更多的是进入了批发、贸易企业，其次是未列明的其他行业，再次是餐饮、旅游、资讯、培训与咨询等服务性行业，又次是资本密集型制造业，最后是运输、流通类企业；行业排名前五位的分布率都超过了10%，其他四个行业的分布率则都在10%以下。从行业属性看，服务性行业显然是江苏创业者的主要选择。从地区角度看，苏南、苏北受访创业者的创业行业分布存在明显差异：苏北创业者在资本密集型制造业、批发贸易企业、运输流通类企业的分布比率明显高于苏南创业者，而在餐饮、旅游、资讯、培训与咨询等服务性行业，以及其他行业的分布比率则明显低于苏南创业者。对苏北地区而言，创业行业分布前四位的依次是：批发、贸易企业，资本密集型制造业，运输、流通类企业，其他行业。而对苏南地区而言，创业行业分布前四位的则依次是：其他行业，批发、贸易企业，餐饮、旅游、资讯、培训与咨询等服务性行业，零售企业。

表7-10　苏南、苏北创业行业选择比较

单位：%

	A	B	C	D	E	F	G	H	I
总体均值	8.28	10.65	1.78	26.04	8.88	10.06	11.24	2.37	20.71
苏北均值	7.58	18.18	1.52	31.82	7.58	15.15	4.55	0.00	13.64
苏南均值	8.74	5.83	1.94	22.33	9.71	6.80	15.53	3.88	25.24

表7-11反映了受访创业者的创业规模分布状况。从总体上看，所有受访创业者都倾向于选择了小型规模。受访的江苏创业者中，首先

是有 40.24％的创业者初创企业规模在 500 万元以下，也就是说是从微型企业起家；其次是有 39.64％的创业者创业规模在 501 万~5000 万元，属于小型企业的范畴；最后是从中型以上企业创设企业的创业者只占 20.12％。同样，苏南、苏北创业者的初创企业规模也存在有明显的地区差异：苏南初创企业的规模明显小于苏北；苏南初创企业基本上都是小型、微型企业，而苏北初创企业在各规模上都有 15％以上的分布，尤其是在 1 亿元以上的初创企业，其分布比例高达 22.73％。苏北创业者初创企业规模的整体偏大，可能在很大程度上是由于其更多地选择了合伙创业的结果；但也可能是受到不同地区创业者在创业行业选择上的影响，苏北创业者在资本密集型制造业中较多分布，显然在一定程度上抬高了苏北创业者的初创企业规模。

表 7-11　苏南、苏北创业规模比较

单位：%

	500 万元以下	501 万~5000 万元	5001 万~10000 万元	10001 万元以上
总体均值	40.24	39.64	8.88	11.24
苏北均值	30.30	31.82	15.15	22.73
苏南均值	46.60	44.66	4.85	3.88

　　江苏科技创业研究报告指出，科技创业的市场定位十分重要，一定要紧贴市场，这是决定创业成功的关键。[①] 对所有的新创企业来说，其实都是如此。创业者都必须根据企业自身产品特点，准确做出目标市场决策。一般而言，初创企业都是将国内市场作为自己的目标市场；但对那些天生国际型企业[②] 来说，国际市场就是其创设时的目标市场。表 7-12 反映了受访创业者的市场定位分布状况。从江苏全省看，略多于 3/4 的创业者将其目标市场选择为国内市场，以服务于本土消费者

---

① 钱志新：《江苏科技创业的成功实践》，《新华日报》，2007 年 4 月 23 日。
② 天生国际型企业的概念由 Cavusgil、Oviatt 和 McDougall 以及 Knight 等研究者提出，指自创立之日起即直接服务海外市场的、具有特别的国际竞争优势的新创企业，其国际化路径完全不遵循传统的国际化渐进式模型。

为主；但也有 15.38% 的新创企业，其目标市场以国际市场为主；另外，尚有 8.88% 的创业者并没有明确的市场定位。从地区比较角度看，苏南苏北创业者的目标市场选择也表现出明显差异：由于受到后发创业和国内市场相对饱和的严峻竞争压力的影响，相对更多的苏北创业者选择了天生国际化创业道路；此外，在"无明确目标市场"的选项上，苏北地区的分布比率也稍高于苏南市场。

表 7-12　苏南、苏北市场定位比较

单位：%

	以国际市场为主	以国内市场为主	无明确目标市场
总体均值	15.38	75.74	8.88
苏北均值	21.21	69.70	9.09
苏南均值	11.65	79.61	8.74

第四节　区域创业主体差异分析

创业主体是指以个人或团队为核心的具有相应知识资本并能协同进行创业活动的创业团队或个人，它是创业活动的策划者、推动者、组织者和执行者。根据创业主体与创业行为之间关系的不同，可以把创业主体区分为隐性创业主体、潜在创业主体和显性创业主体；其中隐性创业主体是有创业意愿的社会个体，潜在创业主体是正在寻找创业和实施创业准备的社会个体，显性创业主体是正在实施创业的社会个体。本章研究所针对的创业主体是显性创业主体，并且将分别从主体性别、年龄、文化、归属地四个角度来探讨苏南、苏北创业主体的属性差异。

我国女性创业始于 20 世纪 80 年代。2007 年中国女企业家发展报告显示，中国的女企业家人数占到了企业家总数的 20%，女性自主创业的比例比 10 年前提高了 17 个百分点，达到了 21%。但相比男性而言，女性创业的整体参与程度仍较低。2008~2009 年中国百姓创业致富调查报告显示，该年度男性创业者的比例为 72.96%，而女性创业者仅占 27.04%。尽管女性创业者比例较 2006~2007 年的 25.76% 有所上升，但并没有改变男性创业者占据绝对主导地位的现状。[①] 徐晓（2010）指出，我国男性创业活跃程度比女性高，二者比例大致为 1.5：1。表 7-13 反映了受访创业者的性别分布状况。无论是从总体角度还是从地区角度看，男性创业者所占比重都在 80% 以上，占据了绝对多数。苏南、苏北创业者的性别分布存在一定的差异，苏北创业者中，男性比例高于总体水平，达到了 89.39%，女性创业者的比例仅仅只占 10.61%；相对苏北而言，苏南女性创业者的比例要稍高一些，苏南创业者中有 15.53% 是女性，比苏北地区高 4.92 个百分点。

表 7-13　苏南、苏北创业主体性别分布

单位：%

	男性	女性
总体均值	86.39	13.61
苏北均值	89.39	10.61
苏南均值	84.47	15.53

研究发现，25~44 岁是参与创业活动最集中的年龄分布。在我国 18~24 岁的成年人在创业中一直保持较高的比例，2006 年为 18.34%，高于其他国家。在中、高收入水平国家，创业者的年龄主要是 25~44 岁；而在中国，35~44 岁是创业者较多的年龄段。表 7-14 反映了受访创业者的年龄分布状况。从总体分布看，受访创业者主要分布在 31~45 岁，占了全部受访创业者的 58.58%，这和全球创业观察所提供的我

[①] 奉化新闻网报道：《女性创业者：一路艰辛一路歌》，http://www.fhnews.com.cn/system/2010/09/26/010020345.shtml。

国创业者年龄分布数据基本一致。30 岁以下与 45~60 岁的创业者分布
比例基本相当，都在 20%左右。60 岁以上的创业者微乎其微，基本上
属于小概率事件。从地区角度看，苏南地区 30 岁以下的创业者所占比
重明显高于苏北，而 45~60 岁的创业者苏南则低于苏北；这表明，与
苏北地区相比，苏南创业者显得更年轻化，这可能与苏南地区民营经
济发展较早，富二代创业较多有关。在富裕的家庭经济基础的支持和
父辈成功创业经验的激励下，苏南大量年轻的富二代纷纷走上了独立
创业的道路，从而在一定程度上推动了苏南地区创业的低龄化趋势。

表 7-14 苏南、苏北创业主体年龄分布

单位：%

	30 岁以下	31~45 岁	45~60 岁	61 岁以上
总体均值	20.12	58.58	20.71	0.59
苏北均值	15.15	57.58	25.76	1.52
苏南均值	23.30	59.22	17.48	0.00

　　Lussier 的研究指出，没有受过大专教育的创业者比受过大专以上
教育的创业者更容易失败。Brockhaus 指出，创业企业家受教育的平均
程度高于一般大众，且不同产业的创业企业家受教育程度亦不同，如
高科技产业的创业企业家平均学历要比一般产业的创业企业家的平均
学历高。《全球创业观察 2006 年中国报告》指出，高收入水平国家中，
大学以上创业者所占比重较高，其次是专科、高中、高中以下；中等
收入水平国家中，专科排第一位，大学学历排第二位，然后是高中。
而在中国，占创业者比重最高的都是初等教育水平。虽然我国受过高
等教育的创业者比重在上升，2006 年已经超过 20%，但我国目前创业
者的受教育结构并没有发生实质性变化。徐晓（2010）指出，创业者
受教育程度与创业类型有较大相关性；在生存型创业中，高中以下占
47.9%，高中占 36.5，本科占 10.2%，研究生占 5.4%；在机会型创业
中，高中以下学历占 26.3%，高中占 23.5%，本科占 30.6%，研究生占

19.6%。显然学历高者更倾向于机会型创业。表 7-15 反映了受访创业者的文化分布状况。从全省看，江苏创业者中占绝对主导地位的是大专与本科，其次是高中与中专，再次是本科以上，最后是初中及以下仅占 0.59%；这一数据表明，本次受访创业者的受教育水平明显高于全国平均水平，受过高等教育的创业者占了绝大多数。江苏相对较发达的高等教育水平，为创业者受教育水平的提升提供了可靠基础，但这一结果也可能在一定程度上受到了选样分布偏差的影响。从地区比较的角度看，苏南地区创业者的受教育程度明显高于苏北，这与苏南地区高等教育相对更为发达密切相关。苏南、苏北地区创业者受教育水平结构的差异意味着，与苏北地区相比，苏南创业者更多的是基于创业机会的机会型创业。

表 7-15 苏南、苏北创业主体文化分布

单位：%

	初中及以下	高中与中专	大专与本科	本科以上
总体均值	0.59	18.93	62.72	17.75
苏北均值	1.52	25.76	57.58	15.15
苏南均值	0.00	14.56	66.02	19.42

从现有文献看，对创业者归属地的研究尚没有引起足够的关注。虽然有少数文献在探讨农民的异地创业问题，但研究并不深入，也没有形成研究热点。创业者究竟是在家乡所在地创业，还是在非家乡所在地创业，其面临的创业环境与创业基础明显不同，创业发展的艰辛与所需要付出的努力也不尽相同。尽管如此，由于受到区域特定创业政策和产业发展基础的吸引，还是会有创业者走出家乡，选择在异地创业。而对一个特定区域来说，本地人与外来人口的创业比率，在很大程度上反映了当地的创业文化，以及本地居民的创业活跃程度、对勤奋工作的认同度与风险承受能力的大小。表 7-16 反映了受访创业者在创业主体归属地层面的分布状况。从全省总体状况看，江苏省本地居民创业和外来人员创业的比例基本相当，本地创业比例稍高于异地

创业 0.6 个百分点。而从地区比较角度看，苏南苏北创业主体归属地分布则存在明显差异：就苏北地区而言，本地居民创业占有明显的比例优势，外来人员创业在苏北创业主体中所占的比例比本地居民创业比例低 12.12 个百分点。苏南地区的情况则与之相反，外来人员创业在苏南创业活动中占有更多的比例，异地创业的比例高于本地创业 6.8 个百分点。也就是说，与苏北地区相比，苏南地区的创业环境更具有吸引力，更多外地投资者倾向于在苏南地区开展异地创业活动，从而导致外来人员在苏南创业主体结构中占据了主导地位；而苏北地区对外来创业者的吸引力则相对较差一些，本地居民在创业主体结构中占据了主导地位。此外，这一创业主体归属地分布差异也可能说明，苏南地区本地居民由于具有相对较高的收入水平，生活压力相对较小，因而表现出相对较弱的创业意识，从而导致本地居民创业占比低于外来人员。

表 7-16　苏南、苏北创业主体归属地分布

单位：%

	在家乡所在地创业	在异地创业
总体均值	50.30	49.70
苏北均值	56.06	43.94
苏南均值	46.60	53.40

第五节　本章小结

本章研究通过问卷发放，收集了苏州、无锡、镇江、南京、扬州、泰州、南通、连云港与徐州等地合计 169 份有效问卷；然后利用问卷数据，分别从区域社会资本差异、区域创业能力差异、区域创业战略差异、区域创业主体差异四个方面，对苏南苏北的创业活动进行了定

量比较研究。

基于区域社会资本的比较发现，苏南、苏北创业者在社会资本结构方面存在显著差异，苏北地区创业者在金融机构所开发社会资本的存量明显高于苏南，而在技术人员与企业中高层管理者中所开发社会资本则低于苏南地区。总体上看，苏南地区创业者社会资本的冗余高于苏北。从地区比较角度分析，企业中高层管理者、行政官员、金融机构中高层负责人、企业业务员对创业的重要度在苏南、苏北虽然有一定差异，但重要度的排序并无不同；关键的差异在于：一般公务员在苏北创业中具有较高的重要度，而技术研发人员则在苏南创业中拥有较高的重要度。对苏北地区而言，创业发展更多地依赖于银行信贷资金，因而金融机构中高层负责人对新创企业发展显得尤为重要；苏南地区新创企业的发展更多地依赖于企业中高层管理者的科学决策和来自外部企业中高层管理者的业务支持，以及技术研发人员作用的发挥。苏南苏北创业者在社会资本的利用上都采取了较为积极的策略，而且在利用方式上并没有明显差异。

本章研究从创业环境支持力、创业主体的行动能力、创业资源支持力三个层面来测量区域创业能力。定量分析表明，苏南、苏北的创业能力总体上均处于中等水平，其中创业主体行动能力的评价处于最好水平。从区域比较看，苏南地区的区域创业能力稍好于苏北地区。苏北地区创业者对创业环境支持力的评价值高于对创业资源支持力的评价值，而苏南地区创业者对创业环境支持力的评价值却低于对创业资源支持力的评价值；苏北地区创业者更多地感受到了来自创业环境的支持，而苏南地区创业者则更多地感受到了来自创业资源的支持。

本章研究选择利用创业方式、创业行业、创业规模与市场定位来描述创业战略。定量分析表明，苏南、苏北地区在创业方式、创业行业、创业规模与市场定位层面均存在明显差异。基于更好的创业资金基础和较好的风险承担能力，苏南地区创业者更多地选择了独立创业。

在行业选择上，苏南创业者更多地进入了服务性行业。苏南初创企业基本上都是小型企业、微型企业，而苏北初创企业在各规模上都有15%以上的分布。苏北初创企业规模的整体偏大，可能在很大程度上是由于其更多地选择了合伙创业的结果；但也可能是受到不同地区创业者在创业行业选择上的影响，苏北创业者在资本密集型制造业中较多分布，显然在一定程度上抬高了苏北创业者的初创企业规模。从地区比较角度看，由于受到后发创业和国内市场相对饱和的严峻竞争压力影响，相对更多的苏北创业者选择了天生国际化创业道路；此外，在"无明确目标市场"的选项上，苏北地区的分布比率也稍高于苏南市场。

本章研究特别对苏南、苏北地区创业主体属性差异进行了比较。研究发现，苏南、苏北创业者的性别分布存在一定的差异，苏北创业者中，男性比例达到了89.39%，女性创业者的比例仅仅只占10.61%；而苏南创业者中有15.53%是女性，比苏北地区高4.92个百分点。从地区角度看，苏南地区30岁以下的创业者所占比重明显高于苏北地区，而45~60岁区间的创业者中苏南地区则低于苏北地区；与苏北地区相比，苏南地区创业者显得更年轻化，这可能与苏南地区在富裕的家庭经济基础的支持和父辈成功创业经验的激励下，大量年轻富二代纷纷走上了独立创业道路有关。苏南地区创业者的受教育程度明显高于苏北地区，这与苏南地区高等教育相对更为发达密切相关；苏南、苏北地区创业者受教育水平结构的差异意味着，苏南地区更多地表现出机会型创业倾向。在苏南地区，外来人员创业在创业主体结构中占据了主导地位，而苏北地区则是本地居民创业在创业主体结构中占据主导地位；这在很大程度上反映了苏南、苏北地区在投资吸引力与创业活跃度层面的差异。

第八章　隐变量作用机理的实证分析

本章主要针对研究中所涉及的隐变量来进行实证分析，以检验各个隐变量之间的作用路径的存在与否，以及不同路径作用效果的强弱程度。本章所运用的分析工具是结构方程模型，所有的分析数据均来自市场调查，并利用 SPSS 进行了必要的数据处理。本章首先根据第三章的假设建立了一个合适的隐变量作用机理的路径模型，其次对模型进行检验，最后对模型所输出的数据进行分析与解释，得出一些重要的结论。

第一节　隐变量分析模型的构建和检验

一、结构方程概述

结构方程模型①（Structural Equation Modelling，SEM）是用来检验观察变量和隐变量、隐变量和隐变量之间关系和路径的一种多元统计方法。Marsh、Hau、Balla 和 Grayson（1998）将结构方程模型与传统

---

① 结构方程模型是社会科学研究中的一个非常好的方法。该方法在 20 世纪 80 年代就已经成熟，在社会科学以及经济、市场、管理等研究领域，有时需处理多个原因、多个结果的关系，或者会碰到不可直接观测的变量（潜变量），这些都是传统的统计方法不能很好解决的问题；结构方程模型弥补了传统统计方法的不足，成为多元数据分析的重要工具。

的多元回归、因素分析等方法进行了比较，认为 SEM 有四个优点：①可同时考虑及处理多个观察变量或隐变量，并可以假定变量之间的关系，特别是在涉及管理学的研究中这种关系假定更有用处。②允许内生变量和外生变量含有测量误差。③与因素分析相似，SEM 允许隐变量由多个观察变量来表示，可以通过观察变量来推测隐变量。④既能研究变量之间的直接影响，也能研究变量之间的间接影响和总效应，表达中介变量的作用。正是因为 SEM 有以上诸多优点，对心理学、社会学、教育学、医学等领域所涉及的难以直接准确测量的概念和变量，结构方程提供了一个检验变量之间因果关系的有效方法。Falk（1987）认为，"构建和估计结构方程模型方面的最新进展是社会学、经济学和心理测量学的结合产物"。结构方程模型在管理学领域的运用，目前较为流行的是对人力资源管理问题的研究，如组织公民行为研究与员工离职管理研究等。

Joreskog 和 Sorbom（1996）指出 SEM 模型研究的三种情形：①证实性研究，即用实证数据进行模型拟合优度检验，根据检验结果选择接受还是拒绝初始模型。②选择性研究，即根据模型拟合优度指标在多个可供选择的初始模型中进行评价，从中选择最优的模型。③探索性研究，即根据 SEM 软件提供的相关统计指标对构建的初始模型进行多次优化和调整，通过标志搜寻（Leamer，1978）以最终得出较优的理论模型。在本章研究中应用 SEM 来建模的主要目的是证实前文关于文化差异对企业绩效存在影响的理论研究，以及这些直接或间接作用的大小和强弱，解释各关系路径相互连接而成的基本结构，研究文化差异与管理行为及企业绩效之间的内在联系和互动规律。因此，本章使用 SEM 方法来研究文化差异的企业绩效作用机理属于 Joreskog 所述的第一种情形。

SEM 要求应对变量之间的复杂关系和路径结构进行研究，其中对变量关系的研究就是将变量分成观察变量和隐变量两类，并对两类变量之间的基本关系做出分析，一般用待检验假设来表示，而路径结构则反映了两变量之间作用路径的大小和方向，一般用路径图来表示。以下将按 SEM 的要求，对创业主体属性、创业能力、创业战略、社会资本与创业绩效之间作用机理中相关变量的基本关系和路径结构进行分析，从而深化在前文中所做的理论分析。

二、隐变量模型的构建

根据前文所做的理论分析和以上变量设计及其基本关系假设，我们用 SEM 方法中的路径图形式来构建本书所假设的五个隐变量之间的路径模型。具体模型见图 8–1。

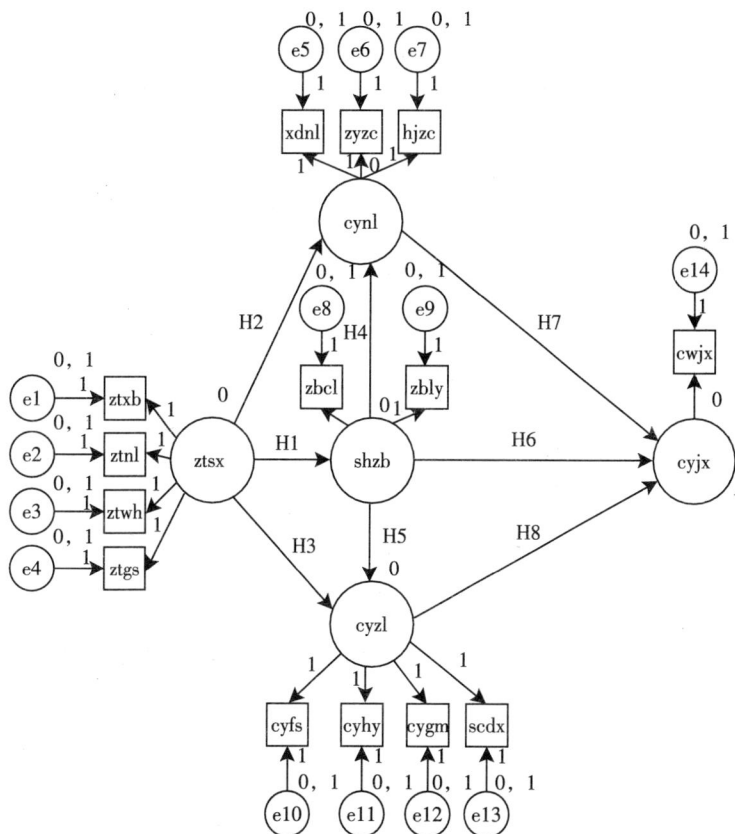

图 8–1　模型 I：隐变量作用机理的实证模型

三、隐变量实证模型的拟合优度检验

统计学的任务，一方面是尽可能多地揭露隐含在数据内部的各种信息，另一方面也常用于检验专业工作者所提出的各种学说、观点或模型的合理性。孙尚拱（2000）在前文模型构建方法中指出，本章研究运用 SEM 进行实证分析属于后一研究目的，因此在完成实证模型的构建之后，首先需要对实证模型进行拟合优度检验。

1. 拟合优度的检验方法

在 SEM 方法中，有两类协方差矩阵，即描述观察变量间的相关系数或协方差的数据协方差矩阵（S）和描述未知变量间的相关系数或协方差的模型协方差矩阵（Σ）。SEM 的检验方法就是通过逐步迭代寻找合适的待估参数，使模型协方差矩阵和样本协方差矩阵之间的距离足够地小到能通过统计检验。李心丹（2003）指出，如果一个 SEM 模型在可以识别前提下，使得用于检验 S 和 Σ 之间近似程度（距离）的各种拟合指标大部分都能在统计上表现出显著性，那么就可以认为该模型与观测数据不矛盾。所以 Raykov 和 Marcoulides（2000）认为在 SEM 的实证研究中，人们感兴趣的是接受一个理论模型，即该模型的变量之间基本关系假设不被拒绝。

本章研究使用 AMOS 软件提供的拟合优度指标来进行拟合优度检验，如果多数拟合优度指标显示模型协方差矩阵与数据协方差矩阵的差异不显著，则说明实证模型对样本数据拟合得较好，从而验证理论分析获得了样本数据的支持，实证模型是可以接受的。

2. 模型适合性分析

本章研究设定的参数估计方法是最大似然法（ML 法），模型的识别准则是 Marcoulides 和 Hersberger（1997）提出的 t–规则，同时为便于分析，将参数估计的结果进行了标准化处理。

将样本数据代入实证模型，AMOS 提供的拟合优度指标见表 8-1。

从绝对拟合优度指标看，χ² 时临界值较大，说明 S 和 Σ 之间存在显著差异的置信度小于 0.05，而且均方根残差 RMSEA 小于 1.0，符合统计要求。从相对拟合指标看，作为一个饱和的结构方程模型，正规指数 NFI 和 IFI 都等于 1，说明模型协方差矩阵与样本协方差矩阵之间的距离完全相近。节俭指数 CFI 也等于 1.0，远远大于 0.60，同样也说明该模型拟合较好。综合考虑以上各拟合指标，我们认为，如图 8-1 所示的实证模型能够与样本数据相互匹配。

表 8-1　隐变量作用机理模型的拟合优度指标

	χ²	RMSEA	NFI	IFI	CFI
拟合指标	0.000	0.139	1.000	1.000	1.000
指标说明	绝对拟合指标		相对拟合指标		节俭指标

第二节　隐变量模型的计算

主体属性（ztsx）通过主体性别（ztxb）、主体年龄（ztnl）、主体文化（ztwh）和主体归属地（ztgs）来进行测量，社会资本（shzb）通过社会资本存量（zbcl）和社会资本利用方式（zbly）来测量，创业能力（cynl）通过主体行动能力（xdnl）、资源支持力（zyzc）和环境支持力（hjzc）来测量，创业战略（cyzl）通过创业方式（cyfs）、创业行业（cyhy）、创业规模（cygm）和创业市场导向（scdx）来测量，创业绩效（cyjx）用新创企业财务绩效（cwjx）来测量。利用 SPSS 进行相关性分析，获得主体性别（ztxb）、主体年龄（ztnl）、主体文化（ztwh）、主体归属地（ztgs）、社会资本存量（zbcl）、社会资本利用方式（zbly）、主体行动能力（xdnl）、资源支持力（zyzc）、环境支持力（hjzc）、创业方式（cyfs）、创业行业（cyhy）、创业规模（cygm）、创业市场导向

（scdx）、新创企业财务绩效（cwjx）的相关系数。将相关系数输入到结构方程模型 I，计算以后得到如图 8-2 所示结果。

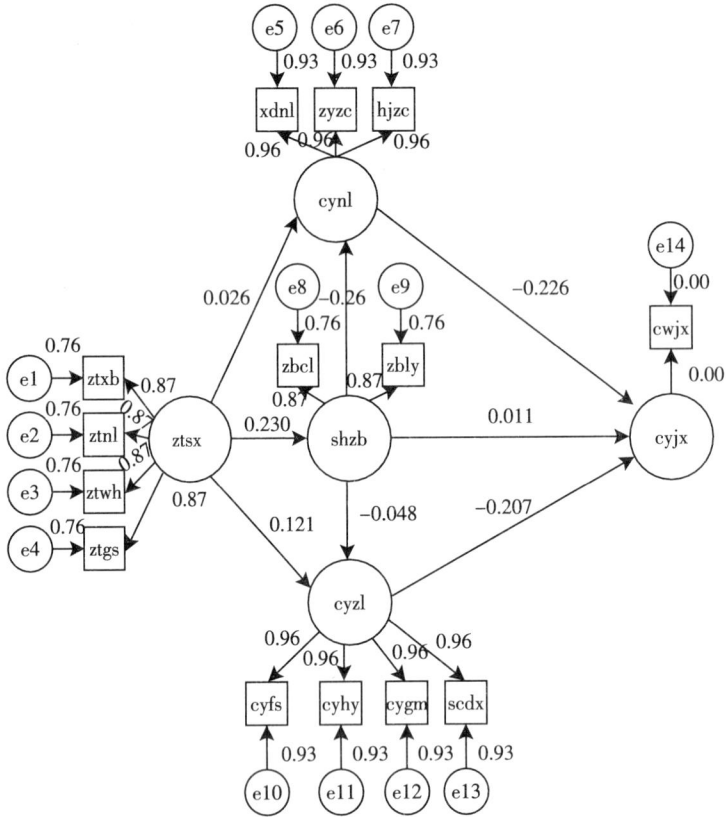

图 8-2　模型 I 的计算结果

图 8-2 是模型 I 利用本书所进行的市场调查所获得的数据进行实证分析的具体输出结果。各路径上所标示的数字均表示在标准化估计中，隐变量之间的直接作用系数的估计值。在利用结构方程模型软件计算路径系数的同时，也相应输出了对各条路径作用系数进行检验的结果。模型 I 中各路径作用系数以及其检验结果见表 8-2。

从上述标准化回归的系数权重看，在总体模型中，首先是主体属性对社会资本的影响最为显著，其标准化路径系数为 0.230，并且在 0.001 的水平下显著；其次是创业能力对创业绩效的影响，其标准化回

表 8-2　路径作用系数与检验

作用路径			Estimate 1	Estimate 2	S.E.	C.R.	P	Label
shzb	<---	ztsx	5.487	0.230	1.716	3.197	***	H1
cynl	<---	ztsx	0.058	0.026	0.168	0.342	0.732	H2
cyzl	<---	ztsx	0.281	0.121	0.175	1.604	0.109	H3
cynl	<---	shzb	−0.002	−0.026	0.007	−0.342	0.732	H4
cyzl	<---	shzb	−0.005	−0.048	0.007	−0.634	0.526	H5
cyjx	<---	shzb	0.001	0.011	0.007	0.160	0.873	H6
cyjx	<---	cynl	−0.230	−0.226	0.072	−3.205	***	H7
cyjx	<---	cyzl	−0.201	−0.207	0.068	−2.943	**	H8

注：Estimate 1 为非标准化估计系数；Estimate 2 为标准化估计系数。** 表示在 0.05 的水平下显著。*** 表示在 0.001 的水平下显著。

归系数为−0.226，同样在 0.001 的水平下显著；最后是创业战略对创业绩效的影响，其标准化回归系数为−0.207，而且在 0.05 的水平下显著。此外，主体属性对创业战略选择具有一定影响，其作用路径的标准化系数达到了 0.121，但检验概率 P 超过了 0.1，达到了 0.109；即使是在 0.1 的较低显著性水平下，也难以得到作用显著的结论。

第三节　隐变量的直接路径分析

一、隐变量路径计算结果解释

1. 主体属性对社会资本的影响

社会资本是存在于社会网络和社会组织中的能够为拥有它的主体带来收益的一种能力，这种能力是一种潜在性的，对外体现为一种社会关系。社会资本的概念包含着个体和社会双重主体的属性，强调的是行动主体自身拥有的资源和使用价值。而在社会结构中，个体依据权威和规则，占据不同的社会位置，因而拥有不同的资源，其依赖资

源而形成的社会关系网络也会有所差异。也就是说，个体社会网络的
异质性、网络成员的社会地位、个体与网络成员的关系力量，决定着
个体所拥有的社会资源的数量和质量等。为了检验创业者主体属性与
创业者社会资本之间是否存在直接影响，本书在第三章中假设创业者
主体属性对创业者社会资本存在显著的直接影响，并将该作用路径定义
为 H1：创业主体属性对创业者的社会资本存在显著影响；并且根据研
究假设构建了如图 8-3 所示的主体属性与社会资本之间的关系模型。

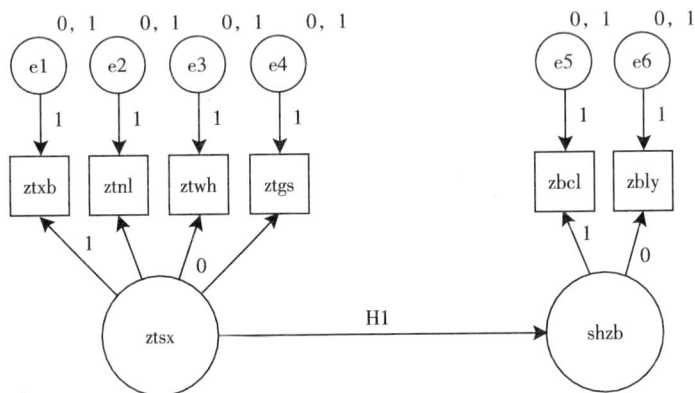

图 8-3 模型 I-I：创业主体属性与社会资本

利用 AMOS 18.0 软件对创业主体属性与社会资本之间的作用关系进
行定量估计，得到的非标准化路径系数为 5.487，标准化路径系数为
0.230，而且这一结果在 0.001 的水平上显著；也就是说，可以肯定地认
为，创业主体属性的差异对创业者的社会资本具有十分显著的影响，创业
主体属性方面的任何变化都一定会表现为创业者的社会资本拥有情况或利
用状况的差异。本章研究的结果，即支持了现有文献关于创业主体属性决
定了其社会资本状况的结论，也严格支持了本章所提出的假设 H1。

2. 主体属性对创业能力的影响

关于创业能力的含义，并没有一个统一的表述；但通常我们认为创
业能力具有个体性和社会性双重属性。相关文献的研究表明，诸如社会
环境、文化价值和个人因素会强烈地影响到创业能力产生和发展的过程。

　　基于现有文献关于创业者主体属性对创业能力的影响的研究结论，本章研究报告构建了如图 8-4 所示的作用路径模型，并提出了假设 H2：创业主体属性对创业能力存在一定影响，但影响并不显著。

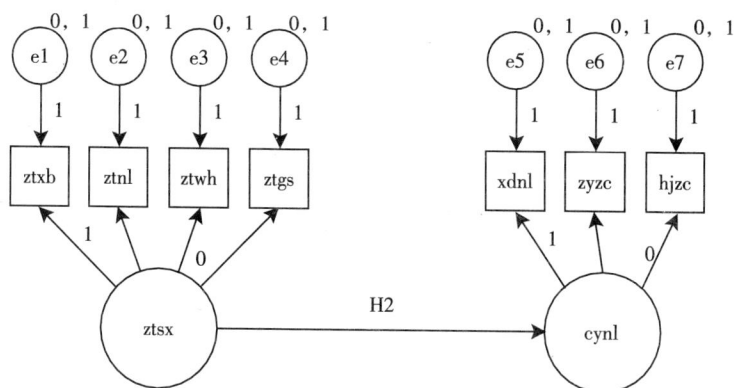

图 8-4　模型 I–II：创业主体属性与创业能力

　　利用 AMOS 18.0 软件对创业主体属性与创业能力之间的作用关系进行定量估计，得到的非标准化路径系数为 0.058，标准化回归系数为 0.026。从模型计算结果看，可以认为创业主体属性对创业能力存在一定的影响，高达 0.732 的检验概率表明，这一影响并不显著，因此，假设 H2 获得了检验的支持。

　　3. 主体属性对创业战略的影响

　　创业战略是在创业资源的基础上，描述未来方向的总体构想，它决定着创业企业未来的成长轨道以及资源配置的取向。创业战略的选择，无疑是由创业者或创业团队来决定的。这一决定关系使创业战略不可避免地受到创业主体属性差异的影响。创业战略必须依据创业者自身的自然条件和创业时的客观环境，以及兼顾自身所能掌握和利用的资源情况。

　　基于第三章对创业者创业战略选择的认知，本章研究报告构建了如图 8-5 所示的作用路径模型，并提出假设 H3：创业主体属性差异对创业战略选择具有显著影响。

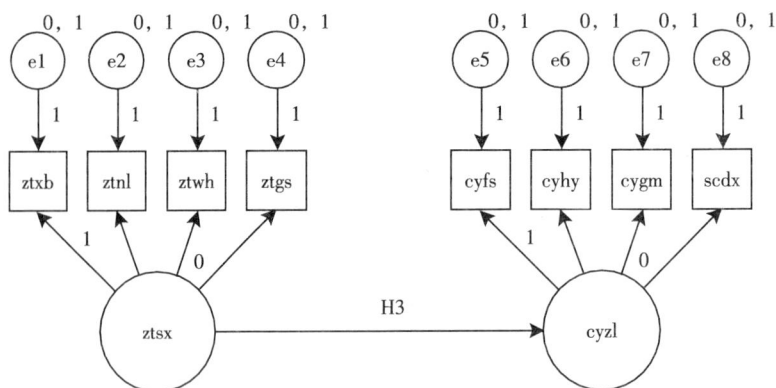

图8-5　模型 I–III：创业主体属性与创业战略

利用 AMOS 18.0 软件对创业主体属性与创业战略之间的作用关系进行定量估计，得到的非标准化路径系数为 0.281，标准化回归系数为 0.121。从模型计算结果看，可以认为创业主体属性对创业者的创业战略选择存在有一定的影响，但 0.109 的检验概率表明，这一影响并不显著，至少是很难确定的得出影响显著的研究结论。

4. 社会资本对创业能力的影响

创业者的社会资本显然会影响到创业者对创业资源的整合能力，将决定着对创业资源的整合范围，进而对基于创业资源的创业能力产生影响。根据波特等人的观点，创业者拥有的社会资本的丰歉程度直接影响了创业意愿的大小和创业成功的可能性及创业企业摆脱困境的可能性。

定性研究的结论认为，创业者的社会资本确实对其创业能力存在明显的影响；本章研究报告构建了如图 8-6 所示的作用路径模型，并提出假设 H4：创业者的社会资本对创业能力具有显著影响。

利用 AMOS 18.0 软件对创业者社会资本与创业能力之间的作用关系进行定量估计，得到的非标准化路径系数为 –0.002，标准化回归系数为 –0.026。从模型计算结果看，两者之间存在非常弱的负向作用，但这一作用并不确定，因为其检验概率为 0.732。也就是说，从本章研究结论看，无法得到两者之间存在有影响作用的结论；相关假设没有获得支持。

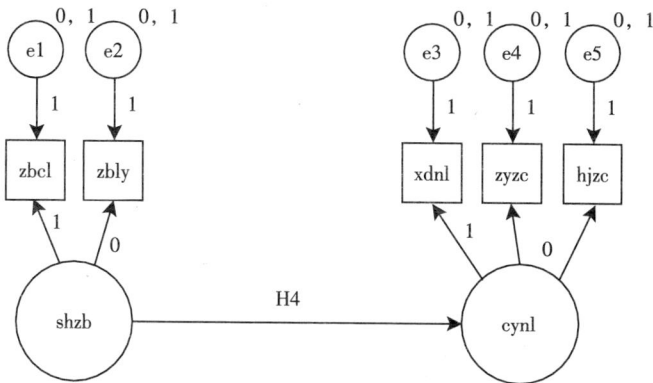

图 8-6　模型 I-IV：社会资本与创业能力

5. 社会资本对创业战略的影响

现有文献只是研究了社会资本与战略之间的关系，并没有针对创业战略来探讨社会资本的影响问题。基于定性研究的结论，本章研究认为，创业者的社会资本对其创业战略的选择可能存在影响。因此，本章研究报告构建了如图 8-7 所示的作用路径模型，并提出假设 H5：创业者的社会资本对创业战略有一定程度的影响，但可能并不显著。

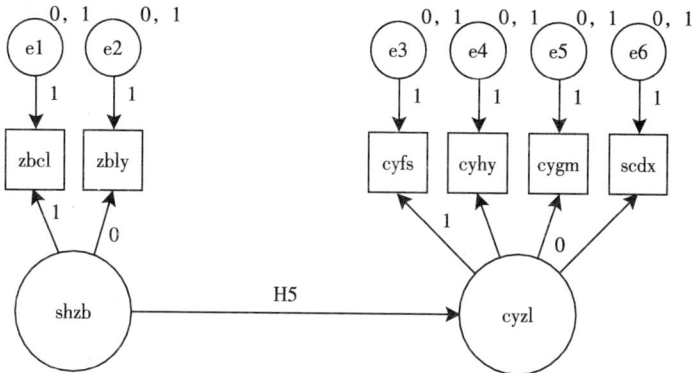

图 8-7　模型 I-V：社会资本与创业战略

利用 AMOS 18.0 软件对创业者社会资本与创业战略之间的作用关系进行定量估计，得到的非标准化路径系数为 -0.005，标准化回归系数为 -0.048。从模型计算结果看，两者之间存在非常弱的负向作用，但在这一作用并不确定，因为其检验概率为 0.526。从实证研究结论看，无法得到两者之间存在显著影响作用的结论；也就是说，创业者的社会资本并不会显著影响其创业战略选择。因而在一定程度上，我们可认为，假设 H5 获得了检验的支持。

6. 社会资本对创业绩效的影响

企业家社会网络的规模和网络位置对新创企业的生存绩效和成功绩效均有显著而稳定的正面影响作用。企业家拥有丰裕的网络结构、网络规模以及处于核心的网络位置，都将有利于企业家获取更多外部信息和互补性资源，提高企业创业生存与成功的概率。尽管创业者可以更积极地去利用其社会资本，但并不意味着其会取得更好的创业绩效（杨俊，2008）。基于上述分析，本章研究报告构建了如图 8-8 所示的作用路径模型，并提出假设 H6：社会资本对创业绩效存在一定影响，但其效果并不显著。

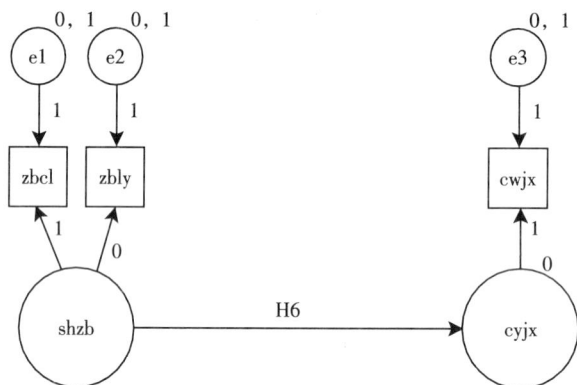

图 8-8　模型 I-VI：社会资本与创业绩效

利用 AMOS 18.0 软件对创业者社会资本与创业绩效之间的作用关系进行定量估计，得到的非标准化路径系数为 0.001，标准化回归系数为 0.011。从模型计算结果看，两者之间存在非常弱的负向作用，但在这一作用并不确定，因为其检验概率为 0.526。也就是说，从本章研究结论看，无法得到两者之间存在显著影响作用的结论，研究假设得到支持。我们不得不关注的一个事实是，本章研究的结论是基于 95%

以上的积极利用社会资本的创业所获得的。由于被研究对象都积极地利用了个人社会资本，因而无法有效展示出社会资本的利用状况对新创企业绩效的影响。如果能够获得足够多社会资本的非积极利用者的数据，通过两者之间的有效对比，也许可以得到不一样的研究结论。

7. 创业能力对创业绩效的影响

创业能力是一种特殊的能力，这种特殊能力往往影响创业活动的效率和创业的成功。创业成功与否，取决于创业者创业能力的高低，同样的环境下，创业能力越强的人抓住机遇、成功创业的可能性就越大。

基于第三章的分析，本章研究报告构建了如图 8-9 所示的作用路径模型，并提出假设 H7：创业能力对创业绩效存在显著影响。

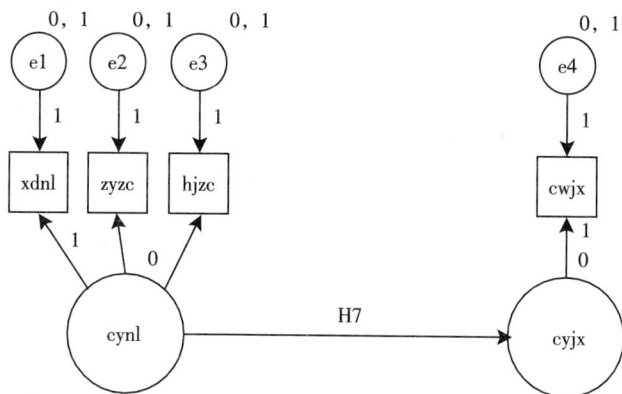

图 8-9　模型 I-VII：创业能力与创业绩效

利用 AMOS 18.0 软件对创业者社会资本与创业绩效之间的作用关系进行定量估计，得到的非标准化路径系数为-0.230，标准化回归系数为-0.226，并且在 0.001 的水平下显著。从模型计算结果看，两者之间存在非常显著的影响作用；也就是说，创业者创业能力的改善将会显著影响新创企业的绩效。

8. 创业战略对创业绩效的影响

关于战略选择与执行能力对公司绩效的影响，理论界有不同的看法。通常人们都认为成功等于 10% 的战略加 90% 的执行，但洛桑国际管理学院的 Philip M.Rosenzweig 教授认为，公司的绩效更多来自战略选择而不是它的执行能力。创业战略是新创企业在创设与发展的初期所采取的特殊战略，根据战略与绩效的一般关系，创业战略必然会对创业绩效产生特定影响。

基于第三章的分析，本章研究报告构建了如图 8-10 所示的作用路径模型，并提出假设 H8：创业战略对创业绩效存在显著影响。

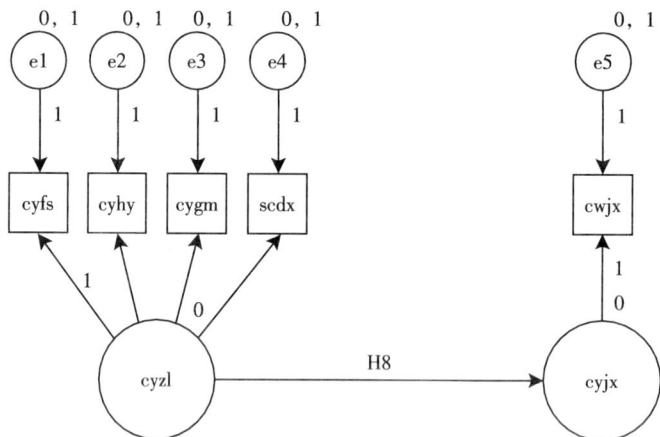

图 8-10　模型 I-VIII：创业战略与创业绩效

利用 AMOS 18.0 软件对创业者创业战略选择与创业绩效之间的作用关系进行定量估计，得到的非标准化路径系数为 -0.201，标准化回归系数为 -0.207，并且在 0.05 的水平下显著。从模型计算结果看，创业战略选择与创业绩效之间存在非常显著的影响作用。也就是说，创业者创业战略的选择将会显著地影响新创企业的绩效。

二、隐变量假设检验的结论

基于研究所提出的假设模型 I、模型 I-I、模型 I-II、模型 I-III、模型 I-IV、模型 I-V、模型 I-VI、模型 I-VII 和模型 I-VIII，利用本次调研所获取的样本数据，对研究所提出的假设 1、假设 2、假设 3、假设 4、假设 5、假设 6、假设 7 和假设 8 进行检验。从实证检验的具体结果看，五个有关显著性影响的假设中有三个假设获得严格支持，一个假设部分获得支持，另外一个假设没有获得支持；三个有关影响不显著的假设均获得支持。具体的假设检验结果见表 8-3。

表 8-3 假设检验结果

假设序号	假设表述	检验结果
H1	创业主体属性对创业者的社会资本存在显著影响	严格支持
H2	创业主体属性对创业能力存在一定影响，但影响并不显著	获得支持
H3	创业主体属性差异对创业战略选择具有显著影响	部分支持
H4	创业者的社会资本对创业能力具有显著影响	未获支持
H5	创业者的社会资本对创业战略具有一定程度的影响，但可能并不显著	获得支持
H6	社会资本对创业绩效存在一定影响，但其效果并不显著	获得支持
H7	创业能力对创业绩效存在显著影响	严格支持
H8	创业战略对创业绩效存在显著影响	严格支持

第四节 本章小结

本章利用实地调研所获取的样本数据，对隐变量主体属性、社会资本、创业能力、创业战略与创业绩效之间的假设模型进行了实证检验。实证检验的结果表明，关于创业者主体属性对社会资本存在显著影响、创业能力对创业绩效存在限制影响与创业战略对创业绩效存在显著影响的假设均获得了严格支持；关于创业主体属性对创业能力影响不显著、社会资本对创业战略影响不显著、社会资本对创业绩效影响不显著的假设也均获得了支持；创业主体属性差异对创业战略选择具有显著影响的假设获得了部分支持；创业者的社会资本对创业能力具有显著影响未获检验支持。

实证检验结果表明，在不考虑创业者主体属性具体内容的前提下，创业主体属性的差异确实会对创业绩效产生显著影响；随着创业能力的提升，创业绩效将得到显著改善；而基于创业者所选择创业战略的不同，创业者将获得不同水平的创业绩效。同时，实证检验结果表明，创业者主体属性差异对创业能力存在一定程度的影响，但影响效果并不显著；就研究样本而言，创业者主体属性对创业战略选择存在一定程度的影响，但同样不显著。

第九章 观察变量作用机理的
实证分析

本章主要针对研究中所涉及的观察变量来进行实证分析，以检验各个观察变量之间的作用路径的存在与否，以及不同作用路径的强弱程度。本章所运用的分析工具和第八章一样，也是结构方程模型，数据同样来自前面市场调查的结果。本书根据第六章所作的基本假设分别为各组观察变量之间的影响关系建立了路径模型，然后对实证模型进行计算，并对模型输出结果进行分析与解释。

第一节 主体属性对社会资本的影响

第八章已经检验了隐变量创业者主体属性与社会资本之间直接影响的显著性，本章旨在检验相应的观察变量之间的直接作用关系。根据研究设计，隐变量主体属性由主体性别、主体年龄、主体文化和主体归属地来测量；隐变量社会资本由社会资本存量与社会资本利用方式来测量。根据本书第六章所作的与 H1 相关的次级假设，本章在此建立了结构方程模型 II，以检验观察变量主体性别、主体年龄、主体文化和主体归属地与社会资本存量和社会资本利用方式之间的作用路径。具体见图 9-1。

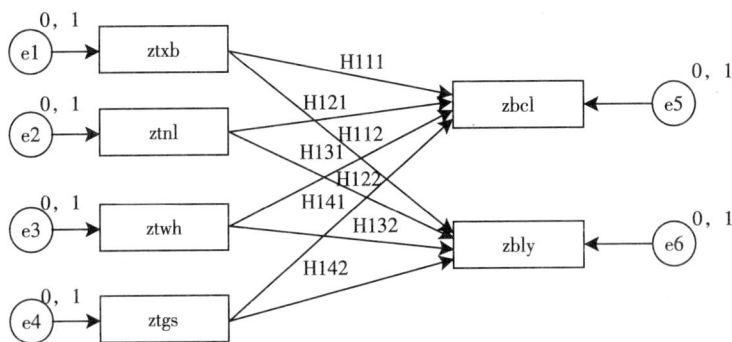

图 9-1　模型 II: 主体属性与社会资本观察变量作用路径假设模型

　　把本次研究通过实际调研所获的数据进行必要的处理后输入到模型 II 进行实证分析，AMOS 18.0 运算以后输出的标准化估计结果如图9-2 所示。

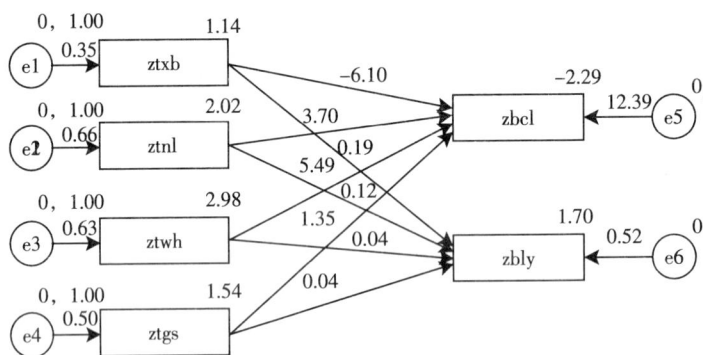

图 9-2　模型 II 的计算结果（标准化估计）

　　模型 II 中各条假设路径、假设路径的作用系数估计值，以及对估计值显著性水平的检验结果如表 9-1 所示。

　　表 9-1 的检验结果表明，在创业者主体属性观察指标与社会资本观察指标之间，除主体性别与社会资本存量之间表现出负向作用外，其他七条路径均表现为正向影响作用，其中主体文化与社会资本存量之间的作用路径系数最大，非标准化路径系数为 5.491，标准化路径系数为 0.260。

表 9-1 模型 II 的计算结果

			Estimate1	Estimate2	S.E.	C.R.	P	Label
zbcl	<---	ztxb	-6.100	-0.160	11.778	-2.331	*	H111
zbly	<---	ztxb	0.189	0.125	0.110	-1.691	0.085	H112
zbcl	<---	ztnl	3.698	0.183	6.246	2.863	**	H121
zbly	<---	ztnl	0.118	0.147	0.058	-1.986	*	H122
zbcl	<---	ztwh	5.491	0.260	6.544	3.725	***	H131
zbly	<---	ztwh	0.044	0.053	0.061	-0.730	0.465	H132
zbcl	<---	ztgs	1.353	0.051	8.245	0.865	0.462	H141
zbly	<---	ztgs	0.041	0.039	0.077	-0.505	0.593	H142

注：* 表示在 0.1 的水平下显著；** 表示在 0.05 的水平下显著；*** 表示在 0.01 的水平下显著。

从作用路径系数的显著程度看，各路径中主体文化与社会资本存量、主体年龄与社会资本存量、主体性别与主体社会资本存量、主体年龄与社会资本利用之间的作用效果均在 0.05 的水平下显著；其他路径的作用效果在 0.05 以下的水平下不显著。其中，主体文化与社会资本存量之间的影响在 0.001 的水平下高度显著；这表明，随着创业者文化水平的提升，其接受教育的时间在延长，创业者因为接受教育而积累起来的社会资本存量也随着文化水平的提升而持续增长。主体年龄与社会资本存量之间的作用效果在 0.01 的水平下显著，这表明，随着创业者年龄的不断增长，创业者确实在日常生活环境中不断积累了个人社会资本。主体性别与主体社会资本存量之间的作用效果虽然表现为负数，但其作用效果在 0.05 的水平下是显著的。这表明，在男性创业者与女性创业者之间，他们的社会资本存量确实存在显著的差异：实证检验的结果显示，相对女性创业者而言，男性创业者拥有更丰富的社会资本。此外，主体年龄与社会资本利用之间的作用效果也在 0.05 的水平下显著；这表明，随着创业者年龄的不断增长，创业者主动利用社会资本的积极性在不断弱化。

此外，如果把显著性水平放大到 0.1，主体性别与社会资本利用方式之间的作用路径假设也能够获得支持。这表明，创业者的主体性别确实在一定程度上存在社会资本利用方式的差异，只是这一差异并不是特别显著。因而这一假设在一定程度上获得了支持。其他三个假设没有获得检验的支持。

具体检验结果如表 9-2 所示。

表 9-2　假设 1 的次级假设检验结果

假设序号	假设表述	检验结果
H111	创业主体的性别差异对创业者的社会资本存量存在显著影响	严格支持
H112	创业主体的性别差异对创业者的社会资本利用方式存在显著影响	部分支持
H121	创业主体的年龄差异对创业者的社会资本存量存在显著影响	严格支持
H122	创业主体的年龄差异对创业者的社会资本利用方式存在显著影响	严格支持
H131	创业主体的文化差异对创业者的社会资本存量存在显著影响	严格支持
H132	创业主体的文化差异对创业者的社会资本利用方式存在显著影响	未获支持
H141	创业主体的归属地差异对创业者的社会资本存量存在显著影响	未获支持
H142	创业主体的归属地差异对创业者的社会资本利用方式存在显著影响	未获支持

第二节　主体属性对创业能力的影响

第五章的检验认为创业主体属性对创业能力存在一定的影响，但这一影响并不显著。根据研究设计，隐变量主体属性由主体性别、主体年龄、主体文化和主体归属地来测量；隐变量创业能力由主体行动能力、资源支持力和环境支持力来测量。为进一步检验创业主体属性观察变量与创业能力观察变量之间的作用路径，本章建立了如图 9-3 所示的假设模型，用以检验假设 2 的各个次级假设是否成立。

把本次研究通过实际调研所获的数据进行必要的处理后输入到模型 III 进行实证分析，AMOS 18.0 运算以后输出的标准化估计结果如图 9-4 所示。

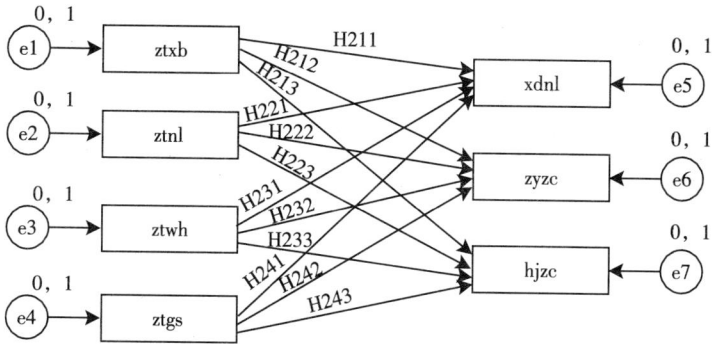

图 9-3 模型 III：主体属性与创业能力观察变量作用路径假设模型

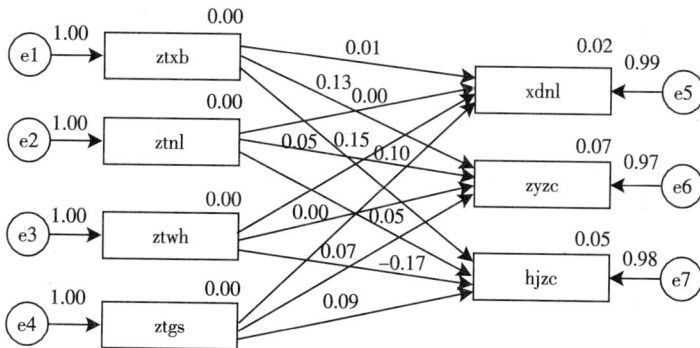

图 9-4 模型 III 的计算结果（标准化估计）

模型 III 中各条假设路径、假设路径的作用系数估计值，以及对估计值显著性水平的检验结果如表 9-3 所示。

表 9-3 模型 III 的计算结果

			Estimate 1	Estimate 2	S.E.	C.R.	P	Label
xdnl	<---	ztxb	0.011	0.006	0.136	0.080	0.936	H211
zyzc	<---	ztxb	0.004	0.002	0.151	0.025	0.980	H212
hjzc	<---	ztxb	0.241	0.099	0.175	1.377	0.168	H213
xdnl	<---	ztnl	0.124	0.126	0.072	1.727	0.084	H221
zyzc	<---	ztnl	0.165	0.147	0.080	2.062	*	H222
hjzc	<---	ztnl	0.062	0.048	0.093	0.672	0.502	H223
xdnl	<---	ztwh	−0.052	−0.050	0.076	−0.688	0.492	H231
zyzc	<---	ztwh	−0.230	−0.196	0.084	−2.746	**	H232
hjzc	<---	ztwh	−0.228	−0.169	0.097	−2.341	*	H233
xdnl	<---	ztgs	0.003	0.002	0.095	0.030	0.976	H241

			Estimate 1	Estimate 2	S.E.	C.R.	P	Label
zyzc	<---	ztgs	0.111	0.075	0.106	1.049	0.294	H242
hjzc	<---	ztgs	0.151	0.089	0.123	1.234	0.217	H243

注：Estimate 1 为非标准化估计系数；Estimate 2 为标准化估计系数。* 表示在 0.1 的水平下显著；** 表示在 0.05 的水平下显著。

表 9-3 表明，在假设 2 的 12 个次级假设中，除主体文化与主体行动能力、主体文化与资源支持力、主体文化与环境支持力之间的作用路径系数表现为负数外，其他各条路径的作用系数均大于 0。也就是说，其他 9 条路径都存在或大或小的正向作用效果。

但从检验概率看，只有主体年龄与资源支持力、主体文化与资源支持力、主体文化与环境支持力之间的作用效果分别在 0.01 和 0.05 的水平下显著，其他路径的作用效果均不显著。主体年龄与资源支持力之间显著的正向作用表明，随着创业者年龄的增长，创业者调动资源的能力不断增强。主体文化与资源支持力之间显著的负向作用路径效果表明，随着创业主体受教育水平的提升，创业者调动资源的能力不仅没有随之增长，反而显著下降。同样，主体文化与环境支持力之间显著的负向作用路径效果表明，随着创业主体受教育水平的提升，创业者所面对的创业环境反而不如较低文化水平的创业者。

即使是把显著性水平放大到 0.1，也只增加了主体年龄与主体行动能力之间作用效果的显著性。

具体检验结果如表 9-4 所示。

表 9-4　假设 2 的次级假设检验结果

假设序号	假设表述	检验结果
H211	创业主体的性别差异对创业主体行动能力存在显著影响	未获支持
H212	创业主体的性别差异对创业资源支持力存在显著影响	未获支持
H213	创业主体的性别差异对创业环境支持力没有影响	未获支持
H221	创业主体的年龄差异对创业主体行动能力存在显著影响	部分支持
H222	创业主体的年龄差异对创业资源支持力存在显著影响	获得支持
H223	创业主体的年龄差异对创业环境支持力没有影响	未获支持

假设序号	假设表述	检验结果
H231	创业主体的文化差异对创业主体行动能力存在显著影响	未获支持
H232	创业主体的文化差异对创业资源支持力存在显著影响	获得支持
H233	创业主体的文化差异对创业环境支持力没有影响	获得支持
H241	创业主体的归属地差异对创业主体行动能力存在显著影响	未获支持
H242	创业主体的归属地差异对创业资源支持力存在显著影响	未获支持
H243	创业主体的归属地差异对创业环境支持力没有影响	未获支持

第三节　主体属性对创业战略的影响

根据文献研究结论，本章研究假设创业者的主体属性对创业者创业战略的选择具有显著影响，但第五章实证检验的结果并不完全支持这一假设，假设只是在一定程度上获得了支持。根据研究设计，隐变量主体属性由主体性别、主体年龄、主体文化和主体归属地来测量；隐变量创业战略由创业方式、创业行业、创业规模与市场导向来测量。为进一步检验创业主体属性观察变量与创业战略观察变量之间的作用路径，本章建立了如图 9-5 所示的假设模型，用以检验假设 3 的各个次级假设是否成立。

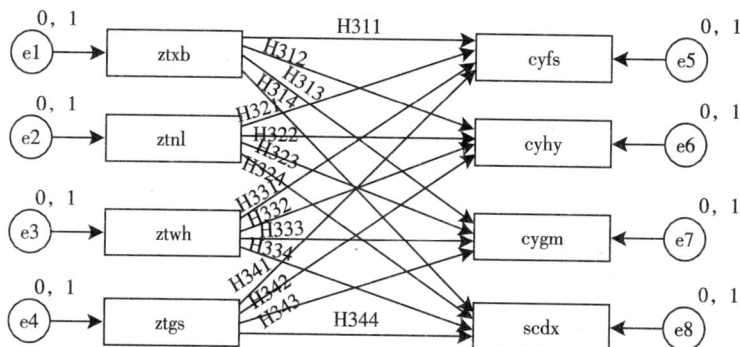

图9-5　模型 IV：主体属性与创业战略观察变量作用路径假设模型

把本研究通过实际调研所获的数据进行必要的处理后输入到模型 IV 进行实证分析，AMOS 18.0 运算以后输出的标准化估计结果如图 9-6 所示。

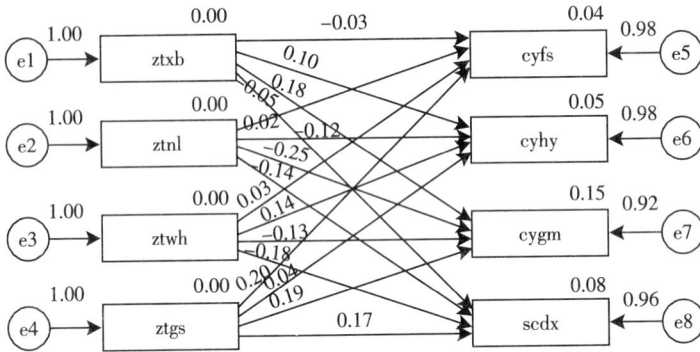

图 9-6　模型 IV 的计算结果（标准化估计）

模型 IV 中各条假设路径、假设路径的作用系数估计值，以及对估计值显著性水平的检验结果如表 9-5 所示。

表 9-5　模型 IV 的计算结果

			Estimate 1	Estimate 2	S.E.	C.R.	P	Label
cyfs	<---	ztxb	−0.035	−0.025	0.101	−0.345	0.730	H311
cyhy	<---	ztxb	0.728	0.100	0.524	1.389	0.165	H312
cygm	<---	ztxb	−0.491	−0.184	0.181	−2.707	**	H313
scdx	<---	ztxb	−0.071	−0.053	0.096	−0.745	0.456	H314
cyfs	<---	ztnl	0.015	0.020	0.054	0.281	0.778	H321
cyhy	<---	ztnl	−0.468	−0.121	0.278	−1.683	0.092	H322
cygm	<---	ztnl	0.358	0.254	0.096	3.721	***	H323
scdx	<---	ztnl	−0.098	−0.136	0.051	−1.922	0.055	H324
cyfs	<---	ztwh	0.026	0.033	0.056	0.457	0.647	H331
cyhy	<---	ztwh	0.578	0.143	0.291	1.986	*	H332
cygm	<---	ztwh	−0.195	−0.132	0.101	−1.941	0.052	H333
scdx	<---	ztwh	−0.131	−0.175	0.053	−2.466	*	H334
cyfs	<---	ztgs	0.191	0.196	0.071	2.701	**	H341
cyhy	<---	ztgs	0.178	0.035	0.367	0.484	0.628	H342
cygm	<---	ztgs	0.345	0.185	0.127	2.719	**	H343
scdx	<---	ztgs	0.163	0.172	0.067	2.421	*	H344

注：Estimate 1 为非标准化估计系数；Estimate 2 为标准化估计系数。* 表示在 0.1 的水平下显著；** 表示在 0.05 的水平下显著；*** 表示在 0.01 的水平下显著。

表 9-5 表明，创业者的主体性别差异除了对创业行业选择具有一定程度的正向影响外，对创业方式选择、创业规模选择与市场导向选择的影响均表现为负向作用。也就是说，相对而言，女性创业者更倾向于选择个人单独创业，男性创业者与他人合伙创设企业的意愿相对更强一些；女性创业者在创设企业时，企业的平均规模相对要小于男性创业者，这与女性创业者更多选择个人单独创业保持了一致；与男性创业者相比，女性创业者具有更明确的市场针对性，即女性创业者往往是因为特定的目标市场而采取创业行为。与男性创业者更多地从事制造业相比，女性创业者更多地倾向于在服务业领域创设企业。

从表 9-5 看，创业者的主体年龄对创业者创业方式选择、创业规模选择具有不同程度的正向影响；而对创业行业、市场导向的影响作用则表现为负向。也就是说，年龄较大的创业者可能相对更倾向于与他人合伙创业，因为随着年龄的增长，创业者的精力与能力会有所下降，合伙创业能够弥补这一方面的不足；随着创业者年龄的增长，创业者创业时运作的初创企业的规模不断扩大，因为年龄较大的创业者相对具有更多的资本积累，能够筹措到更多的创始资金；年龄较大的创业者相对更愿意从事于制造领域的创业活动，而年轻的创业者更多地倾向于在服务业领域创业；年龄较大的创业者相对具有更有针对性的市场导向策略。

从表 9-5 看，创业者的主体文化对创业方式、创业行业选择均有正向影响，而对创业规模与市场导向选择的影响则表现为负向。也就是说，随着创业者文化教育水平的提升，创业者更多地认识到了合伙创业的优越性，从而更倾向于选择合伙创业，以更好地利用学缘关系来创设企业；随着创业者文化教育水平的提升，创业者更多地涉足于服务业领域的创业活动，而对制造业的兴趣则有所下降；随着创业者文化教育水平的提升，创业者创业时的企业规模相对更小，这与创业者更多地从事服务业创业活动保持了一致；随着创业者文化教育水平的提升，创业者的市场导向策略相对更为明确。

检验结果表明，创业者的主体归属地差异对创业方式、创业行业、创业规模与市场导向选择均具有不同程度的正向影响。也就是说，异地创业的创业者更倾向选择与他人合伙创业，以更好地利用地方关系资源；异地创业的创业者，相对更多地进入了服务业领域；异地创业时，初创企业的规模相对更大，这与合伙倾向保持了一致；相对而言，异地创业者的市场导向策略比较缺乏针对性。

从检验概率角度看，首先是主体年龄对创业规模选择的影响最为显著，其作用路径在 0.001 的水平下显著；其次是主体性别差异对创业规模选择的影响、主体归属地差异对创业方式选择的影响、主体归属地差异对创业规模的影响，其作用路径均在 0.01 的水平下显著；最后是主体文化对创业行业的影响、主体文化对市场导向的影响、主体归属地差异对市场导向的影响，其作用路径均在 0.05 的水平下显著。其他路径的作用效果均不显著。如果把显著性水平放宽到 0.1，主体年龄对创业行业的影响、主体年龄对市场导向的影响、主体文化对创业规模的影响也可以认定为显著。也就是说，这些路径也在一定程度上获得了支持。主体属性与创业战略之间有关假设的检验结果具体见表 9.6。

表 9-6 假设 3 的次级假设检验结果

假设序号	假设表述	检验结果
H311	创业主体的性别差异对创业方式选择存在显著影响	未获支持
H312	创业主体的性别差异对创业行业选择存在显著影响	部分支持
H313	创业主体的性别差异对创业规模选择存在显著影响	严格支持
H314	创业主体的性别差异对市场导向选择存在显著影响	部分支持
H321	创业主体的年龄差异对创业方式选择存在显著影响	未获支持
H322	创业主体的年龄差异对创业行业选择存在显著影响	部分支持
H323	创业主体的年龄差异对创业规模选择存在显著影响	严格支持
H324	创业主体的年龄差异对市场导向选择存在显著影响	部分支持
H331	创业主体的文化差异对创业方式选择存在显著影响	未获支持
H332	创业主体的文化差异对创业行业选择存在显著影响	严格支持
H333	创业主体的文化差异对创业规模选择存在显著影响	部分支持

假设序号	假设表述	检验结果
H334	创业主体的文化差异对市场导向选择存在显著影响	严格支持
H341	创业主体的归属地差异对创业方式选择存在显著影响	严格支持
H342	创业主体的归属地差异对创业行业选择存在显著影响	未获支持
H343	创业主体的归属地差异对创业规模选择存在显著影响	严格支持
H344	创业主体的归属地差异对市场导向选择存在显著影响	严格支持

第四节　社会资本对创业能力的影响

关于社会资本对创业能力存在显著影响的假设，在第五章的检验中没有获得支持。根据研究设计，隐变量社会资本由资本存量与资本利用来测量；隐变量创业能力由主体行动能力、资源支持力与环境支持力来测量。为进一步检验社会资本观察变量与创业能力观察变量之间的作用路径，本章建立了如图9-7所示的假设模型，用以检验假设4的各个次级假设是否成立。

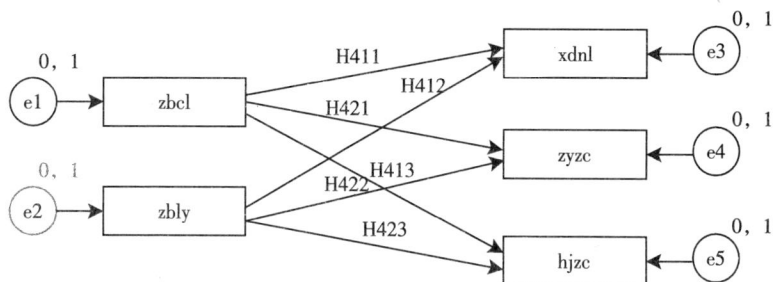

图9-7　模型 V：社会资本与创业能力观察变量作用路径假设模型

把本次研究通过实际调研所获的数据进行必要的处理后输入到模型 V 进行实证分析，AMOS 18.0 运算以后输出的标准化估计结果如图9-8所示。

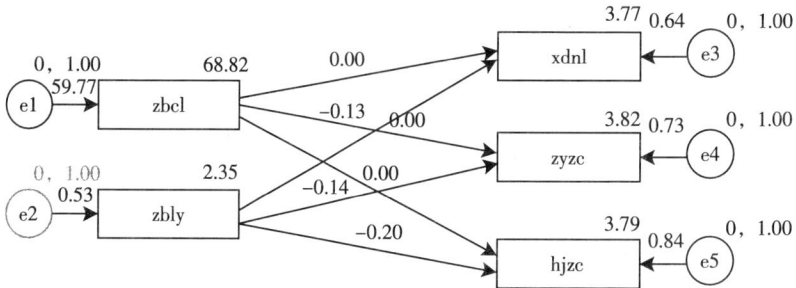

图 9-8　模型 V 的计算结果（标准化估计）

模型 V 中各条假设路径、假设路径的作用系数估计值，以及对估计值显著性水平的检验结果如表 9-7 所示。

表 9-7　模型 V 的计算结果

			Estimate 1	Estimate 2	S.E.	C.R.	P	Label
xdnl	<---	zbcl	0.000	0.011	0.001	0.155	0.877	H411
zyzc	<---	zbcl	0.000	−0.029	0.001	−0.400	0.689	H412
hjzc	<---	zbcl	−0.001	−0.058	0.001	−0.796	0.426	H413
xdnl	<---	zbly	−0.132	−0.107	0.090	−1.462	0.144	H421
zyzc	<---	zbly	−0.137	−0.098	0.103	−1.338	0.181	H422
hjzc	<---	zbly	−0.204	−0.127	0.117	−1.741	0.082	H423

注：Estimate 1 为非标准化估计系数；Estimate 2 为标准化估计系数。

表 9-7 表明，除资本存量对主体行动能力的作用效果表现为微弱的正向作用外，其他路径的作用效果都表现为负向作用；而且所有六条路径的作用效果都不显著。即使是将显著性水平放宽到 0.1，也仅有资本利用方式与环境支持力之间的作用效果呈现出显著特性。因此总体上可以认为，无论是创业者的社会资本存量，还是创业者对社会资本的利用方式，对主体行动能力、资源支持力与环境支持力均不存在显著影响。

具体检验结果如表 9-8 所示。

表9-8 假设4的次级假设检验结果

假设序号	假设表述	检验结果
H411	创业主体的社会资本存量差异对创业主体行动能力存在显著影响	未获支持
H412	创业主体的社会资本存量差异对创业资源支持力存在显著影响	未获支持
H413	创业主体的社会资本存量差异对创业环境支持力没有影响	部分支持
H421	创业主体的社会资本利用方式差异对创业主体行动能力存在显著影响	部分支持
H422	创业主体的社会资本利用方式差异对创业资源支持力存在显著影响	部分支持
H423	创业主体的社会资本利用方式差异对创业环境支持力没有影响	部分支持

第五节 社会资本对创业战略的影响

第八章的实证检验证明，创业者的社会资本对其创业战略选择确认并不存在显著影响；创业者社会资本与其创业战略选择之间虽然存在微弱的负向影响作用，但其影响效果并不显著。根据研究设计，隐变量社会资本由创业者的社会资本存量与对社会资本的利用方式来测量；隐变量创业战略由创业方式、创业行业、创业规模与市场导向来测量。为进一步检验社会资本观察变量与创业战略观察变量之间的作用路径，本章建立了如图9-9所示的假设模型，用以检验假设5的各

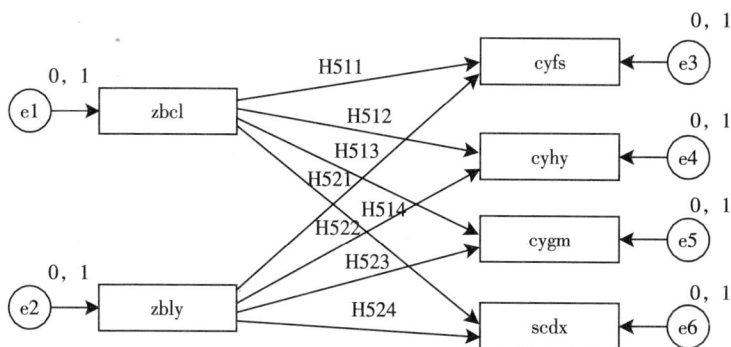

图9-9 模型 VI：社会资本与创业战略作用路径假设模型

个次级假设是否成立。

把本研究通过实际调研所获的数据进行必要的处理后输入到模型 VI 进行实证分析，AMOS 18.0 运算以后输出的标准化估计结果如图 9-10 所示。

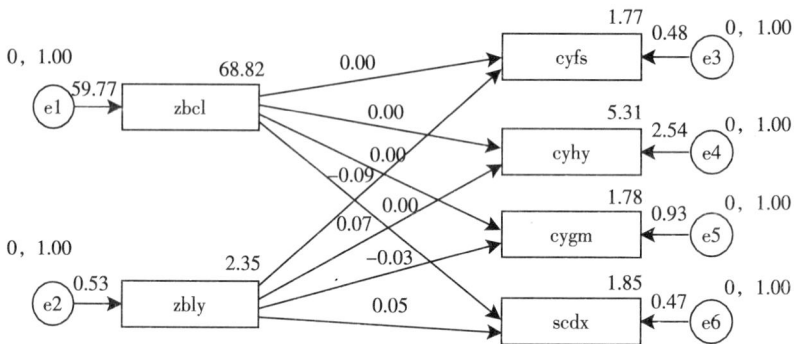

图 9-10 模型 VI 的计算结果（标准化估计）

模型 VI 中各条假设路径、假设路径的作用系数估计值，以及对估计值显著性水平的检验结果如表 9-9 所示。

表 9-9 模型 VI 的计算结果

			Estimate 1	Estimate 2	S.E.	C.R.	P	Label
cyfs	<---	zbcl	0.001	0.070	0.001	0.953	0.340	H511
cyhy	<---	zbcl	−0.003	−0.076	0.003	−1.029	0.303	H512
cygm	<---	zbcl	0.002	0.154	0.001	2.107	*	H513
scdx	<---	zbcl	0.000	−0.060	0.001	−0.811	0.418	H514
cyfs	<---	zbly	−0.089	−0.097	0.068	−1.316	0.188	H521
cyhy	<---	zbly	0.067	0.014	0.355	0.189	0.850	H522
cygm	<---	zbly	−0.030	−0.017	0.130	−0.235	0.814	H523
scdx	<---	zbly	0.047	0.053	0.065	0.716	0.474	H524

注：Estimate 1 为非标准化估计系数；Estimate 2 为标准化估计系数。* 表示在 0.1 的水平下显著。

表 9-9 的结果表明，创业者的社会资本存量对创业方式选择和创业规模决策具有一定程度的正向影响，对创业行业选择和市场导向策略决策具有一定程度的负向影响。也就是说，创业者的社会资本存量

的增加，可能会在一定程度上推动创业者选择与他人合伙创业，以更好地发挥社会资本的作用；随着创业者社会资本存量的增加，创业者在创业时可能会更倾向于选择较大的投资规模；随着创业者社会资本存量的增加，创业者可能会更多地从事制造业领域的创业，而对服务业的投资兴趣趋于下降；随着创业者社会资本存量的增加，创业者的市场导向策略将更趋于明确化。从检验概率看，四条路径的作用系数中只有社会资本存量与创业规模之间的作用路径系数在 0.05 的水平下显著，其他三条路径都不显著。这表明，除社会资本存量与创业规模之作用路径外，本章研究所提出的关于其他路径的假设均获得了支持。

表 9-9 的结果表明，创业者对社会资本的利用方式对创业方式选择和创业规模决策具有一定程度的负向影响，对创业行业选择和市场导向策略决策具有一定程度的正向影响。也就是说，创业者对社会资本的利用越积极，其越倾向于选择与他人合伙创业，不积极利用社会资本的创业者，在一定程度上更多地选择了单独创业；创业者利用社会资本越积极，越是倾向于选择较大的初始投资规模；那些积极利用社会资本的创业者，可能更多地进入了服务业领域的创业经营；随着创业者利用社会资本积极度的提升，创业者的市场针对性出现衰减。从检验概率看，所有四条作用路径都不显著。这表明，本章研究所提出的关于创业者社会资本利用方式与创业战略选择之间的假设均获得了支持。

具体检验结果如表 9-10 所示。

表 9-10 假设 5 的次级假设检验结果

假设序号	假设表述	检验结果
H511	社会资本存量差异对创业方式选择存在一定程度的影响，但可能并不显著	获得支持
H512	社会资本存量差异对创业行业选择存在一定程度的影响，但可能并不显著	获得支持
H513	社会资本存量差异对创业规模选择存在一定程度的影响，但可能并不显著	未获支持
H514	社会资本存量差异对市场导向选择存在一定程度的影响，但可能并不显著	获得支持
H521	社会资本利用方式差异对创业方式选择存在一定程度的影响，但可能并不显著	获得支持

假设序号	假设表述	检验结果
H522	社会资本利用方式差异对创业行业选择存在一定程度的影响，但可能并不显著	获得支持
H523	社会资本利用方式差异对创业规模选择存在一定程度的影响，但可能并不显著	获得支持
H524	社会资本利用方式差异对市场导向选择存在一定程度的影响，但可能并不显著	获得支持

第六节　社会资本对创业绩效的影响

国内外文献分别从不同角度对社会资本对创业绩效的影响进行了研究，但并没有得出一致的研究结论；既有人认为两者之间存在正向影响，也有人认为这一影响可能是消极的，或者并不存在实际的影响。第五章的实证检验在一定程度上支持了社会资本对创业绩效存在正向影响的假设。根据研究设计，隐变量社会资本由创业者的社会资本存量和对社会资本的利用方式来测量；隐变量创业绩效直接用新创企业的财务绩效来衡量。为进一步检验社会资本观察变量与创业绩效观察变量之间的作用路径，本章建立了如图 9–11 所示的假设模型，用以检验假设 6 的各个次级假设是否成立。

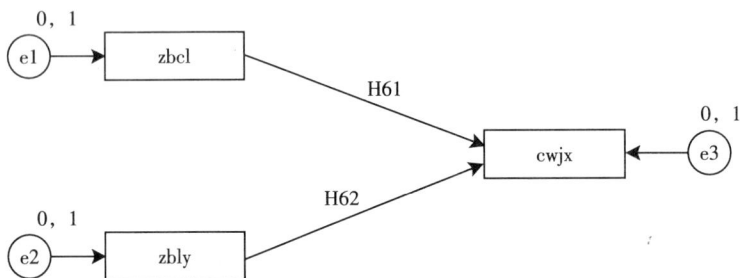

图 9–11　模型 VII：社会资本与创业绩效观察变量作用路径假设模型

把本研究通过实际调研所获的数据进行必要的处理后输入到模型 VII 进行实证分析，利用 AMOS 18.0 运算以后输出的标准化估计结果如图 9–12 所示。

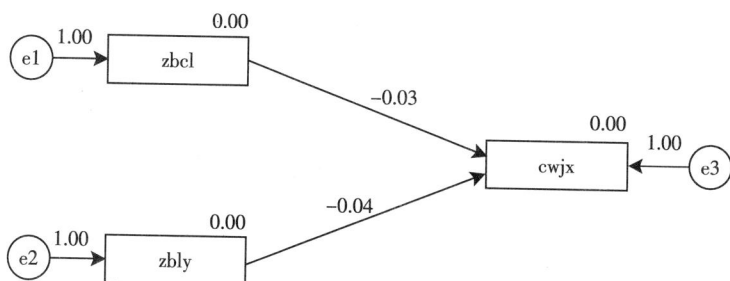

图 9–12 模型 VII 的计算结果（标准化估计）

模型 VII 中各条假设路径、假设路径的作用系数估计值，以及对估计值显著性水平的检验结果如表 9–11 所示。

表 9–11 模型 VII 的计算结果

			Estimate 1	Estimate 2	S.E.	C.R.	P	Label
cwjx	<---	zbcl	0.001	0.028	0.004	0.385	0.700	H61
cwjx	<---	zbly	0.050	0.042	0.088	0.569	0.570	H62

注：Estimate 1 为非标准化估计系数；Estimate 2 为标准化估计系数。

表 9–11 的结果表明，无论是创业者的社会资本存量，还是创业者对社会资本的利用方式，都对新创企业的财务绩效存在一定程度的正向影响，即创业者的社会资本存量，以及对社会资本的利用方式均对新创企业的财务绩效存在弱的消极影响，会阻碍新创企业财务绩效的改善。但从检验概率看，无论是创业者的社会资本存量，还是对社会资本的利用方式，对新创企业财务绩效的消极影响作用都不显著。因而，假设 H61 和假设 H62 都获得了实证检验的支持。与前文一样，我们不得不关注的一个事实是，本章研究的结论是基于 95% 以上的积极利用社会资本的创业所获得的。由于被研究对象都积极地利用了个人社会资本，因而无法有效展示出社会资本的利用状况对新创企业财务

绩效的影响。如果能够获得足够的社会资本的非积极利用者的数据，通过两者之间的有效对比，也许可以得到不一样的研究结论。

具体检验结果如表 9-12 所示。

表 9-12　假设 6 的次级假设检验结果

假设序号	假设表述	检验结果
H61	社会资本存量对创业绩效存在一定影响，但其效果并不显著	获得支持
H62	社会资本利用方式对创业绩效存在一定影响，但其效果并不显著	获得支持

第七节　创业能力对创业绩效的影响

相关文献研究认为，创业能力对新创企业的绩效存在积极的影响；本章研究根据文献研究的结论，提出了创业能力对创业绩效存在显著影响的假设。第五章的实证检验支持了创业能力对创业绩效存在显著影响的假设，证明了创业能力有利于提升新创企业绩效的观点。根据研究设计，隐变量创业能力由主体行动能力、资源支持力和环境支持力来测量；隐变量创业绩效直接用新创企业的财务绩效来衡量。为进一步检验创业能力观察变量与创业绩效观察变量之间的作用路径，本章建立了如图 9-13 所示的假设模型，用以检验假设 7 的各个次级假设

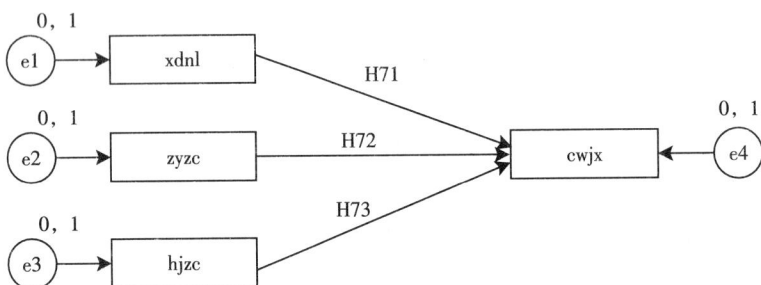

图 9-13　模型 VIII：创业能力与创业绩效观察变量作用路径假设模型

是否成立。

把本研究通过实际调研所获的数据进行必要的处理后输入到模型 VIII 进行实证分析，利用 AMOS 18.0 运算以后输出的标准化估计结果如图 9-14 所示。

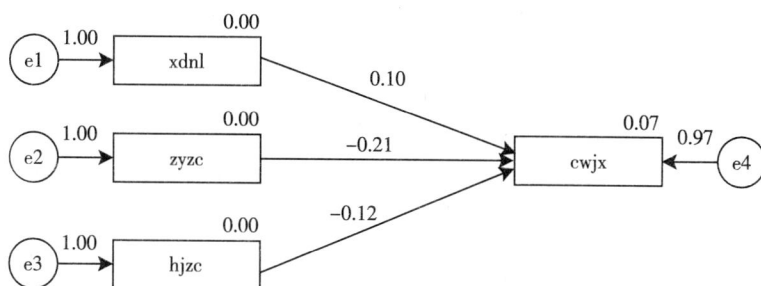

图 9-14　模型 VIII 的计算结果（标准化估计）

模型 VIII 中各条假设路径、假设路径的作用系数估计值，以及对估计值显著性水平的检验结果如表 9-13 所示。

表 9-13　模型 VIII 的计算结果

			Estimate 1	Estimate 2	S.E.	C.R.	P	Label
cwjx	<---	xdnl	0.101	0.104	0.069	1.463	0.143	H71
cwjx	<---	zyzc	−0.090	−0.122	0.053	−1.703	0.089	H72
cwjx	<---	hjzc	−0.175	−0.206	0.061	−2.882	**	H73

注：Estimate 1 为非标准化估计系数；Estimate 2 为标准化估计系数。** 表示在 0.05 的水平下显著。

表 9-13 的结果表明，主体行动能力对新创企业财务绩效存在一定的正向影响，资源支持力与环境支持力都对新创企业的财务绩效存在较大的负向影响；但考虑到问卷设计时对企业财务绩效从好到坏的逆向设计，我们需要从相反的方向来分析实际的输出结果，也就是说，应当从相反的方向来理解实证检验的结果。因此可以认为，环境支持对新创企业的财务绩效存在非常显著的积极影响；资源支持力对新创企业的财务绩效在很大程度上存在积极影响；主体行动能力对新创企业财务绩效存在一定的不利影响。从路径作用的估计系数看，环境支

持力对新创企业财务绩效的非标准化影响系数为–0.175，标准化路径系数为–0.206，两者均达到了较高水平；而从作用路径估计系数的显著性水平看，环境支持力对新创企业财务绩效影响系数的显著性水平为 0.004，几乎接近高度显著的 0.001 的水平。

从检验概率看，虽然创业者的主体行动能力对新创企业的财务绩效存在标准化系数为 0.104 的作用效果，但其作用效果只在 0.143 的水平下显著，远大于常用的 0.05 的显著水平值；即使是将显著性水平放宽到 0.1，其显著检验概率也超出了临界水平；因此，虽然不能否定两者之间的影响作用，但并不能认定主体行动能力对新创企业财务绩效存在显著影响。基于 0.104 的作用路径值，总体上可以认为，创业者的主体行动能力对新创企业的财务绩效的提升具有一定程度的阻碍作用。也就是说，随着主体行动能力的增强，新创企业的财务绩效整体上呈现出下降的趋势。

资源支持力对新创企业财务绩效的标准化作用路径系数为–0.122，而且在 0.089 的水平下显著；虽然两者之间的作用效果在通用的 0.05 的显著性水平下并不显著，但如果把显著性水平放宽到可接受的 0.1，也可以认定资源支持力与新创企业财务绩效之间存在显著影响。也就是说，随着资源支持力的改善，可以认为将会对新创企业财务绩效的改善产生积极的影响。

环境支持力与新创企业财务绩效之间的标准化路径作用系数为–0.206，而且在检验概率为 0.004 的水平下显著。高的显著性和较大的作用路径系数表明，环境支持力与新创企业财务绩效之间具有明显的作用效果。基于财务绩效问题项的逆向设计，因此可以认为，随着创业环境支持力的改善，将对新创企业财务绩效产生十分显著的积极影响，又有助于显著推动新创企业财务绩效的改善。

具体检验结果如表 9–14 所示。

表 9–14　假设 7 的次级假设检验结果

假设序号	假设表述	检验结果
H71	创业者的主体行动能力对创业绩效存在显著影响	未获支持
H72	创业资源支持力对创业绩效存在显著影响	部分支持
H73	创业环境支持力对创业绩效存在显著影响	严格支持

第八节　创业战略对创业绩效的影响

文献认为，企业的绩效在很大程度上取决于企业的战略决策；创业战略的选择也对新创企业的绩效存在重要影响。本书基于文献的结论，提出了创业战略选择对新创企业绩效存在显著影响的假设。第五章的实证检验严格支持了关于创业战略选择对创业绩效存在显著影响的假设。根据研究设计，隐变量创业战略由创业方式、创业行业、创业规模与市场导向来测量；隐变量创业绩效直接用新创企业的财务绩效来衡量。为进一步检验创业战略观察变量与创业绩效观察变量之间的作用路径，本章建立了如图 9–15 所示的假设模型，用以检验假设 8 的各个次级假设是否成立。

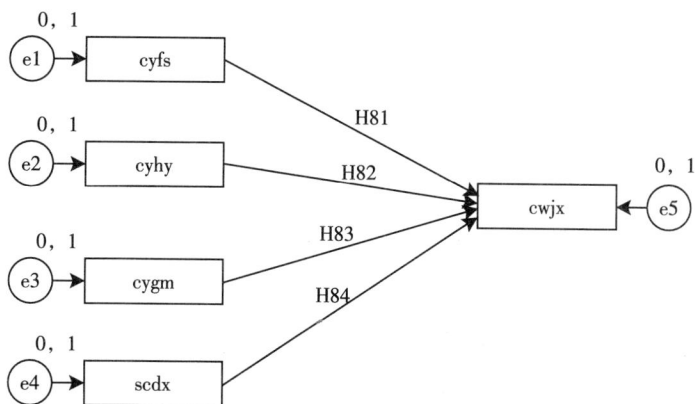

图 9–15　模型 IX：创业战略与创业绩效观察变量作用路径假设模型

把本研究通过实际调研所获的数据进行必要的处理后输入到模型 IX 进行实证分析，利用 AMOS 18.0 运算以后输出的标准化估计结果如图 9–16 所示。

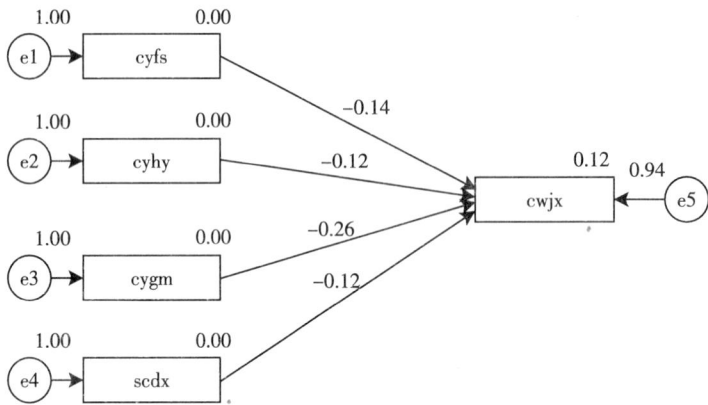

图 9–16　模型 IX 的计算结果（标准化估计）

模型 IX 中各条假设路径、假设路径的作用系数估计值，以及对估计值显著性水平的检验结果如表 9–15 所示。

表 9–15　模型 IX 的计算结果

			Estimate 1	Estimate 2	S.E.	C.R.	P	Label
cwjx	<---	cyfs	−0.179	−0.138	0.090	−1.986	*	H81
cwjx	<---	cyhy	−0.030	−0.119	0.017	−1.719	0.086	H82
cwjx	<---	cygm	−0.175	−0.259	0.047	−3.721	***	H83
cwjx	<---	scdx	−0.168	−0.125	0.094	−1.791	0.073	H84

注：Estimate 1 为非标准化估计系数；Estimate 2 为标准化估计系数。* 表示在 0.1 的水平下显著；***表示在 0.01 的水平下显著。

表 9–15 的结果表明，创业战略的四个观察变量都对新创企业的财务绩效存在负向作用，而且各作用路径的系数的绝对值均在 0.1 以上。基于新创企业的财务绩效题项的逆向设计，即创业战略的观察变量均对新创企业的财务绩效存在较大程度的积极影响。

实证检验结果表明，创业方式与新创企业的财务绩效之间存在较大的积极影响，而且这一影响作用在 0.05 的水平下显著。也就是说，与独立创设企业相比，合伙创设企业的财务绩效更好。与独立创业相比，合伙创立企业显然可以更多更好地利用关系资源，从而创造更好的财务绩效。因此，假设路径 H81 获得了严格支持。

具体检验结果如表 9.16 所示。

表 9-16　假设 8 的次级假设检验结果

假设序号	假设表述	检验结果
H81	创业方式选择对创业绩效存在显著影响	严格支持
H82	创业行业选择对创业绩效存在显著影响	获得支持
H83	创业规模选择对创业绩效存在显著影响	严格支持
H84	创业市场导向选择对创业绩效存在显著影响	获得支持

实证检验结果表明，创业者的进入行业选择，在较大程度上对新创企业的财务绩效存在积极影响。从有关新创企业进入行业的选择项分布看，服务业领域的新创企业的财务绩效要优于制造业领域的新创企业。但从检验概率看，创业行业对新创企业财务绩效的影响并不显著；不过如果将显著性水平放宽到 0.1，也可以认为创业行业选择对新创企业财务绩效存在显著的积极影响。因此，可以认为假设路径 H82 获得了支持。

实证检验结果显示，新创企业的规模选择对新创企业财务绩效的标准化作用路径系数达到了 -0.259，并且在 0.001 的水平下显著。也就是说，新创企业的规模选择对新创企业的财务绩效存在非常显著的积极影响，即随着新创企业规模的扩大，新创企业往往取得了更好的财务绩效。因此，假设路径 H83 获得了严格支持。

实证检验结果显示，新创企业的市场导向策略对新创企业财务绩效存在标准化路径系数为 -0.125 的影响。这表明，从实证检验角度看，针对国内市场的新创企业获得了比针对国际市场的新创企业更好的财务绩效，没有明确市场针对性的新创企业比针对国际市场的新创企业获得了更好的财务绩效。但从检验概率看，创业者的市场导向策略选择对新创企业财务绩效的影响并不显著，不过如果将显著性水平放宽到 0.1，也可以认为创业者的市场导向策略选择对新创企业财务绩效存在显著的积极影响。因此，可以认为假设路径 H84 获得了支持。具体如表 9-16 所示。

第九节　本章小结

本章利用调研所获取的样本数据，以观察变量结构方程模型为基础，对所有 59 个二级假设进行了定量检验。从检验结果看，共有 37 条路径二级假设获得了实证检验的支持。其中主体文化对资本存量存在显著影响、主体年龄对创业规模存在显著影响、创业规模对财务绩效存在显著影响等 18 个二级假设获得了严格支持，主体性别对社会资本利用方式存在显著影响、主体年龄对主体行动能力存在显著影响等9个二级假设，在将检验水平放宽到 0.1 的条件下获得了支持，10 个关于影响不显著的假设均获得了支持；其他 22 个二级假设均没有获得支持。

研究结论表明，创业者的主体性别对创业者社会资本存量、创业规模选择都具有显著的负向影响，男性创业者相对具有更丰富的社会资本存量，并选择了相对较大的初创企业的规模；创业者的主体年龄对创业者的社会资本存量、创业者利用社会资本的方式、资源支持力和创业规模都具有显著的正向影响，随着创业者年龄的增长，创业者相对拥有更丰富的社会资本，但利用社会资本的积极性呈下降趋势，创业者年龄的增长有利于提高其对创业资源的利用能力，并将相对增大初创企业的规模；创业者的主体文化对创业者的社会资本存量、创业行业选择具有显著的正向影响，对资源支持力、环境支持力、市场导向具有显著的负向影响，随着创业者文化水平的逐步提高，创业者的社会资本存量不断增长、创业行业选择更倾向于服务业，但文化水平的提高会相对降低资源和环境要素对创业的支持，并强化创业者市场导向的针对性；创业者的主体归属地对创业方式、创业规模、市场导向均具有显著的正向影响，异地创业者更倾向于选择与他人合伙创设新企业，因而相对具有更大的初创企业规模，并且相对而言其市场更缺乏具体的针对性；创业者的社会资本存量对创业规模具有显著的正向影响，随着社会资本存量的增长，初创企业的规模在扩大；环境支持力、创业方式、创业规模对新创企业的财务绩效均表现出显著的负向影响，即创业环境的优化有利于提升新创企业财务绩效，合伙创业具有更好的财务绩效，较大的初创企业规模相对能够获得更优的财务绩效。

第十章　研究结论与建议

在文献整理的基础上，本书一方面从定性角度研究了社会资本对民营企业创业与创业风险的影响；另一方面，基于问卷调查，从社会资本的视角对新创企业的财务绩效进行了研究，利用一般的数理统计分析方法和结构方程模型探讨了有关变量对新创企业财务绩效的影响。尽管本书得到了一些有意义的研究结论，但基于研究本身的局限，不可避免地也存在一些不足之处。

第一节　研究的主要结论

本书首先总结了现有的文献，并且在文献研究的基础上提出了一些重要的假设；其次根据研究假设设计了调查问卷，收集了相关数据；最后分别为相关假设建立了结构方程模型，并利用实际调研数据进行了实证研究。根据实证研究的结果，本书第五章的大部分假设在检验中得到了支持，但也有一些假设没有能够获得相应的支持。通过前面的研究分析，主要得到以下一些重要结论。

一、社会资本对私人资本创业有重要影响

定性分析表明，社会资本对我国私人资本创业机会获取与利用、

创业融资渠道选择等均存在显著影响。社会资本为私人资本创业者提供了一个更易于发现创业机会的网络，并通过提供和扩散关键信息对创业机会评估与利用产生积极影响。创业机会利用效果受到创业者机会利用能力和机会利用方式的共同影响；社会关系网络有助于私人资本创业者通过个人社会支持网的支持来实现自己的创业设想，采取主动开发型利用和资本增值型利用策略有助于创业者提高创业成功的概率。社会资本有利于私人资本创业者拓宽创业融资渠道和加快融资速度，如果私人资本创业者个人社会关系网络中只包含个体关系网络，其往往局限于利用个体关系网络来开展创业融资；但当其包含有机构关系网络时则会寻求通过投资机构来筹措创业资金。私人资本创业者的社会关系网络可以有效缩短创业融资时间，虽然个人关系网络中的时间节约效果相对更为显著，但通过强化私人资本创业者与投资机构之间的关系强度，可以显著弱化亲属网络的时间节约优势。

二、社会资本对创业风险有积极的调节作用

定性分析表明，社会资本对各类创业风险均具有积极的调节作用。①社会资本对机会利用风险和机会缺失风险都存在积极影响。规范有助于降低创业的机会风险，信任可以简化创业者对创业机会评估与利用的过程，网络可以帮助创业者更有效、更快捷地识别创业机会和获取创业机会评估的关键信息。②网络可以有效降低创业活动中的资源风险。广泛、多样化和动态社会网络能为创业者提供获取不同种类资源的通路；创业者的社会网络应尽可能多地覆盖那些处于社会网络结点和中心地位的个人，以获取更多的创业资源。③社会资本可以通过网络作用弱化创业活动中的主体风险。社会资本可以帮助创业主体提高其创业决策的质量和降低创业决策的风险。④社会资本中的规范、信任与网络都对创业环境具有明显的正向调节作用，有助于缓解创业的环境风险。社会网络有助于维持内外环境的稳定性和增强新创企业

对环境变化的应对能力，从而降低环境变化所带来的各种风险。⑤社会资本从规范、信任与网络三个层面对创业的行为行动风险和行为效果风险产生积极影响。规范有助于提升创业行为的合法与合理，信任则可以减少企业运营过程中的摩擦；网络既可以促进行为的规范，也可以加强网络内的信任，而且可以增强创业者攫取创业行为实施所需资源的能力，从而对行为风险的缓解做出积极的贡献。

三、社会资本的区域分布存在显著差异

基于区域社会资本的比较发现，苏南、苏北创业者在社会资本存量结构方面存在显著差异。基于对资金的渴求，苏北地区创业者在金融机构所开发的社会资本存量明显高于苏南地区，而在技术人员与企业中高层管理者中所开发社会资本则低于苏南地区。而且从总体上看，苏南地区创业者社会资本存量的冗余度高于苏北地区。各类社会资本对创业活动而言的重要度在不同地区也存在显著差异。一般公务员在苏北地区创业活动中具有较高的重要度，而技术研发人员则在苏南地区创业活动中拥有更高的重要度。对苏北地区而言，金融机构中高层负责人对新创企业发展显得尤为重要；苏南地区新创企业的发展则更多地依赖于企业中高层管理者的科学决策和来自外部企业中高层管理者的业务支持，以及技术研发人员作用的积极发挥。从社会资本利用角度看，苏南、苏北创业者在社会资本的利用上都采取了较为积极的策略，而且在利用方式上并没有明显差异。创业者对社会资本的普遍利用，在很大程度上掩盖了社会资本积极作用的体现。

四、一些定量研究假设获得了支持

根据研究需要，定量研究一共提出了 8 个一级假设、59 个二级假设。利用调研所获取的数据资料，通过结构方程模型对各个假设进行了实证检验。从检验结果看，合计有 21 个假设获得了实证检验的严格

支持，其中有 3 个一级假设获得了严格支持，18 个二级假设获得了严格支持。获得严格支持的假设路径具体如表 10-1 所示。

表 10-1　显著性水平低于 0.05 的假设检验结果

作用路径			Estimate 1	Estimate 2	S.E	C.R.	P	Label
shzb	<---	ztsx	5.487	0.230	1.716	3.197	***	H1
cyjx	<---	cynl	−0.230	−0.226	0.072	−3.205	***	H7
cyjx	<---	cyzl	−0.201	−0.207	0.068	−2.943	**	H8
zbcl	<---	ztxb	−6.100	−0.160	11.778	−2.331	*	H111
zbcl	<---	ztnl	3.698	0.183	6.246	2.863	**	H121
zbly	<---	ztnl	0.118	0.147	0.058	−1.986	*	H122
zbcl	<---	ztwh	5.491	0.260	6.544	3.725	***	H131
zyzc	<---	ztnl	0.165	0.147	0.080	2.062	*	H222
zyzc	<---	ztwh	−0.230	−0.196	0.084	−2.746	**	H232
hjzc	<---	ztwh	−0.228	−0.169	0.097	−2.341	*	H233
cygm	<---	ztxb	−0.491	−0.184	0.181	−2.707	**	H313
cygm	<---	ztnl	0.358	0.254	0.096	3.721	***	H323
cyhy	<---	ztwh	0.578	0.143	0.291	1.986	*	H332
scdx	<---	ztwh	−0.131	−0.175	0.053	−2.466	*	H334
cyfs	<---	ztgs	0.191	0.196	0.071	2.701	**	H341
cygm	<---	ztgs	0.345	0.185	0.127	2.719	**	H343
scdx	<---	ztgs	0.163	0.172	0.067	2.421	*	H344
cygm	<---	zbcl	0.002	0.154	0.001	2.107	*	H513
cwjx	<---	hjzc	−0.175	−0.206	0.061	−2.882	**	H73
cwjx	<---	cyfs	−0.179	−0.138	0.090	−1.986	*	H81
cwjx	<---	cygm	−0.175	−0.259	0.047	−3.721	***	H83

注：Estimate 1 为非标准化估计系数；Estimate 2 为标准化估计系数。* 表示在 0.1 的水平下显著；** 表示在 0.05 的水平下显著；*** 表示在 0.01 的水平下显著。

从表 10-1 看，在获得严格支持的 21 个假设中，首先是创业者主体属性对社会资本的影响、创业能力对创业绩效的影响、主体文化对资本存量的影响、主体年龄对创业规模的影响、创业规模对财务绩效的影响，其作用路径系数均在 0.001 的水平下高度显著；这 5 个假设所获得的检验支持最为严格。其次是创业战略对创业绩效的影响、主体年龄对资本存量的影响、主体文化对资源支持力的影响、主体性别对创业规模的影响、主体归属地对创业方式的影响、主体归属地对创业规模的影响、环境支持力对财务绩效的影响，其作用路径系数均在 0.01 的水平下显著。而其余 9 个假设的检验结果则在 0.05 的水平下显著。

如果把检验的显著性水平放宽到可接受水平 0.1，则主体性别对社会资本利用方式的影响、主体年龄对主体行动能力的影响、主体年龄对创业行业的影响、主体年龄对市场导向的影响、主体文化对创业规模的影响、社会资本利用方式对环境支持力的影响、资源支持力对财务绩效的影响、创业行业对财务绩效的影响、市场导向对财务绩效的影响这 9 个假设的检验结果也能被认定为显著，即可以认为这 9 个假设也获得了实证检验的支持，只是对结果的支持并不是很严格。具体结果如表 10–2 所示。

表 10–2　在显著水平 0.1 下获支持的假设

作用路径			Estimate 1	Estimate 2	S.E.	C.R.	P	Label
zbly	<---	ztxb	0.189	0.125	0.110	−1.691	0.085	H112
xdnl	<---	ztnl	0.124	0.126	0.072	1.727	0.084	H221
cyhy	<---	ztnl	−0.468	−0.121	0.278	−1.683	0.092	H322
scdx	<---	ztnl	−0.098	−0.136	0.051	−1.922	0.055	H324
cygm	<---	ztwh	−0.195	−0.132	0.101	−1.941	0.052	H333
hjzc	<---	zbly	−0.204	−0.127	0.117	−1.741	0.082	H423
cwjx	<---	zyzc	−0.090	−0.122	0.053	−1.703	0.089	H72
cwjx	<---	cyhy	−0.030	−0.119	0.017	−1.719	0.086	H82
cwjx	<---	scdx	−0.168	−0.125	0.094	−1.791	0.073	H84

注：Estimate 1 为非标准化估计系数；Estimate 2 为标准化估计系数。

此外，其余 37 个假设中，有关影响不显著的 10 个二级假设的检验概率在 0.1~0.5，相关路径获得了检验的支持；其他尚有作用路径系数的检验概率在 0.1~0.5 的 8 个假设被认定为部分获得支持。另外 19 个有关存在显著影响的假设，其假设的检验概率都在 0.5 以上，则完全没有获得检验的支持。

五、主体属性只对创业者社会资本存在显著影响

从实证检验结果看，创业者的主体属性对其社会资本具有显著影响，其作用系数在 0.001 的水平下高度显著；检验结果严格支持了本书的预假设，也与前期文献的研究结论保持了一致。而且从主体属性与社会资本两者观察变量之间的路径检验结果看，八条路径中有四条路径的作用系数显著。其中，主体文化与社会资本存量之间的影响在 0.001 的水平下高度显著；这表明，随着创业者文化水平的提升，其接受教育的时间在延长，创业者因为接受教育而积累起来的社会资本存量也随着文化水平的提升而持续增长。主体年龄与社会资本存量之间的作用效果在 0.01 的水平下显著，也就是说，随着创业者年龄的不断增长，创业者确实在日常生活环境中不断积累了个人社会资本。主体性别与主体社会资本存量之间的作用效果虽然表现为负数，但其作用效果在 0.05 的水平下是显著的，这表明，在男性创业者与女性创业者之间，他们的社会资本存量确实存在显著的差异，男性创业者拥有更丰富的社会资本。此外，主体年龄与社会资本利用之间的作用效果也在 0.05 的水平下显著，这表明，随着创业者年龄的不断增长，创业者主动利用社会资本的积极性在不断增强。此外，主体性别与社会资本利用方式之间的作用路径假设也获得了部分支持；创业者的主体性别确实在一定程度上存在社会资本利用方式的差异，只是这一差异并不是特别显著。

根据前期文献研究的成果，本书分别假设创业者的主体属性差异对创业能力、创业战略具有显著影响；但实证检验的结果并没有支持本书的假设。虽然创业者主体属性差异对创业战略选择存在显著影响的假设获得了部分支持，但关于主体属性差异对创业能力存在显著影响的假设则完全被拒绝。

综合相关检验结果可以得出：创业者的主体属性差异对创业绩效

并不存在影响。虽然创业者主体属性差异对创业者的社会资本存在显著影响，但社会资本对创业绩效的影响并没有获得支持。从实证检验的结果看，根本看不到创业者社会资本对创业绩效存在影响。同样，虽然创业能力、创业战略都对创业绩效存在显著影响，但由于创业者的主体属性差异对创业能力、创业战略并不存在影响，因而也就不能借助创业能力、创业战略来传递创业者主体属性差异对创业绩效的影响。

六、社会资本对创业绩效的影响效果有限

现有文献并没有就两者之间的影响作用得出一个确定的结论，文献研究结论不是认为创业者的社会资本对创业绩效存在积极影响，就是指出创业者的社会资本会阻碍新创企业绩效的改善。基于文献结论的不一致，本书提出了社会资本对创业绩效存在影响，但效果并不显著的假设。第八章关于隐变量检验的结果表明，基于所选择的研究样本，不能得出创业者社会资本对创业绩效存在显著影响的结论；创业者的社会资本对新创企业的财务绩效既不存在显著的积极影响，也不存在显著的消极影响。两者之间只存在不显著的、十分弱的阻碍影响。同样，社会资本的两个观察变量对新创企业的财务绩效也不存在显著影响；无论是创业者的社会资本存量，还是创业者利用社会资本的方式，都只是存在对新创企业财务绩效的弱的阻碍影响，而且检验的显著性水平都超过了0.5。

同样，虽然创业能力、创业战略都对创业绩效存在显著影响，但由于实证检验并不支持有关创业者的社会资本对创业能力、创业战略存在显著影响的假设，因而也就不能借助创业能力、创业战略来传递创业者社会资本差异对创业绩效的影响。

实证检验结果表明，社会资本对创业绩效既不存在显著的直接影响，也不存在间接影响。

七、创业能力对创业绩效存在显著影响

有关文献认为，创业能力对创业绩效具有显著影响，并对这一结论做了多种实证分析。本书第八章对创业能力对创业绩效具有显著影响的假设进行了检验，检验结果表明，在 0.001 的水平下，隐变量创业能力对隐变量创业绩效具有显著影响。隐变量分析显示，随着创业能力的提升，新创企业的创业绩效将会显著改善。

第九章从观察变量的角度对创业能力与创业绩效之间的作用关系进行了实证检验。结构方程模型的检验结果表明，隐变量创业能力的三个观察变量——创业主体行动能力、资源支持力与环境支持力都对新创企业的财务绩效存在较大程度的影响。从检验结果看，环境支持力对新创企业的财务绩效具有显著的积极影响，并且在 0.01 的水平上显著；资源支持力对新创企业的财务绩效存在一定程度的影响，但其显著水平为 0.089，稍高于 0.05，但略低于可接受的显著性水平 0.1；创业主体行动能力对新创企业的财务绩效令人意外地表现出不明显的消极影响，也就是说，研究表明，随着创业者主体行动能力的提高，新创企业的财务绩效反而会有所下降。总体来看，观察变量的检验结果基本上支持了创业能力对创业绩效存在显著影响的假设。

八、创业战略对创业绩效存在显著影响

战略是绩效的基础。创业研究的文献也指出，新创企业的战略选择对企业绩效存在显著影响。本书沿用了这一公认的研究假设。本书第八章对隐变量创业战略与创业绩效两者之间的作用关系进行了假设检验。结构方程模型的检验结果表明，新创企业的战略选择确实对创业绩效存在显著影响。检验结果显示，创业战略对创业绩效的标准化作用路径系数的绝对值达到了 0.207，并且在 0.05 的水平下显著。

本书第九章从观察变量的角度对创业战略与创业绩效之间的作用

关系进行了实证检验。结构方程模型的检验结果表明，隐变量创业战略的四个观察变量——创业方式、创业行业、创业规模、市场导向，都对新创企业的财务绩效存在较大程度的积极影响。首先，从具体检验结果看，创业规模与新创企业财务绩效之间的作用效果最为显著，其显著性水平达到了 0.001，也就是说，随着新创企业规模的不断扩大，新创企业的财务绩效得到明显的改善。其次，新创企业的创业方式对新创企业财务绩效也存在显著影响，但只在 0.05 的水平上显著，也就是说，相对于独自创业，合伙创业取得了更好的财务绩效。创业行业与市场导向对新创企业的财务绩效都存在一定程度的影响，但其影响作用并不显著，其显著性水平高于 0.05，不过都略低于可接受的显著性水平 0.1。总体上说，观察变量的实证检验结果，比较有效地支持了新创企业战略选择对企业绩效存在显著影响的假设。

第二节 推动创业发展的主要建议

一、发挥社会资本作用，推进私人资本创业

为解决就业问题，国务院提出并实施了全民创业战略。全民创业战略的真正落实，离不开社会资本作用的有效发挥。无论是对生存型创业者而言，还是对机会型创业者而言，创业行为的发生，都在一定程度上受到个人社会资本存量结构的影响。尤其是在创业后的企业发展过程中，社会资本的作用更为重要。各级政府应当采取积极措施，努力培育与丰富个人社会资本，推动个人社会资本作用的积极发挥。各创业基地或创业辅导机构，应当积极引导个人发挥社会资本的积极作用，努力寻找合适的创业机会，获取创业所必需的各种信息，从而

有效推动私人资本创业发展。从策略角度看，创业基地或创业辅导机构可以经常性的组织一些交流活动，尤其是应组织潜在私人资本创业者与本地大中型企业、金融机构管理者之间的交流活动，帮助潜在创业者发展与他们之间的关系；应组织潜在创业者与创业服务机构之间的沟通，促进潜在创业者对创业服务的了解。此外，私人资本创业者本人也应充分发挥个人社会资本的积极作用，努力拓宽企业融资渠道，解决创业发展中的资金"瓶颈"问题，促进新创企业顺利发展；要充分发挥社会资本对企业营销活动的积极影响，促进新创企业产品或服务销售的稳定增长。

二、积极利用社会资本调节创业风险

创业风险虽然不可能完全回避，但借助于社会资本的调节作用，创业者可以有效降低创业与创业发展过程中所面临的风险。在创业之前，潜在创业者应积极开发与积累个人社会资本；在创业发展过程中，创业者更应积极开发新的社会资本。创业者所拥有的社会资本越丰富，其在创业与创业发展过程中对创业风险的调节能力也就越强。从政府经济管理的角度看，首先，各地应充分发挥行业协会、地方商会的作用。行业协会与地方商会作用的发挥，一方面可以加强组织内部的规范与信任；另一方面也可以有效拓展创业者的社会网络。这将有助于增厚个人社会资本，弱化各种潜在创业风险。其次，应促进产业集群与产业网络的发展。产业集群与产业网络有助于创业者快速融入当地企业家网络，快速拓展个人关键社会资本，从而增强创业者对各类创业风险的调节能力。

三、结合地区社会资本特征，优化区域创业行为

定量比较发现，不同区域之间在社会资本存量结构、社会资本类别重要度排序上存在明显的差异，而且在不同地区，创业者基于社会

资本与其他影响变量而做出的创业决策也存在明显差异。因此，从创业管理角度看，各地政府管理部门应加强对本地社会资本存量结构与社会资本类别重要度的研究，并采取积极措施，引导创业者根据当地社会资本特征，科学进行创业决策，从而有效优化区域创业行为，提高区域创业成功率和区域创业绩效。从另外一个角度看，地方政府应采取积极措施，加快本地社会资本培育与积累，不断优化本地创业环境，提高区域创业活力，引导创业意愿向创业实践转变，有效促进区域创业发展。

第三节　提升新创企业财务绩效的主要建议

一、积极积累与利用社会资本

实证检验的结果表明，创业者的社会资本对创业绩效并没有显著影响。无论是社会资本存量，还是对社会资本的积极利用，都不会显著影响新创企业财务绩效。虽然创业者的社会资本对新创企业的绩效并不存在显著的影响，对社会资本的积极利用并不会带来新创企业财务绩效的改善；但如果创业者缺乏社会资本的积累，或者是放弃对社会资本的利用，可能会给企业带来负面的影响。受访样本中95%以上的创业者都表示对个人社会资本进行了积极的利用；这一比率表明，在创业发展过程中，创业者对社会资本的利用已经成为一种常态，正是这一对社会资本积极利用的常态，使本书的检验没有测量出社会资本对创业绩效的影响，因为缺乏足够的两者之间的比较数据。事实上，在一个竞争市场中，社会资本的积极利用者往往可以占有比不利用社会资本的创业者更多的市场份额，获得更多的市场机会。因此，为了避免企业陷入到其他创业者都积极利用社会资本而自己缺乏可利用社会资本的尴尬局面，创业者应当在创业之前积极积累个人社会资本，以便在创业时加以利用，即使对社会资本的这种利用并不会带来比其他创业者更突出的绩效，但至少可以避免自身在社会资本的利用上处于不利地位。

二、进一步优化创业环境，提升个人创业能力

实证检验表明，创业能力对创业绩效存在显著的积极影响，也就是说，随着创业能力的改善，新创企业的绩效将得到显著提升。因此，从推进地方经济与企业发展的角度看，政府应致力于提高区域创业能力。从相关观察变量的路径检验看，创业环境对新创企业的财务绩效存在高度显著的积极影响，而且是隐变量创业能力对创业绩效影响的主要来源。所以，通过进一步改善区域投资环境来提升个人创业能力，将是增加新创企业财务绩效的关键路径。改善创业环境的责任，显然更多的是在于政府。政府进一步优化创业环境的工作包括：中央政府和各地方政府应继续出台或进一步完善有利于促进投资，尤其是促进私人投资的政策措施；进一步完善和加快创业服务平台建设；积极推进创业教育，培育有利于创业发展的社会文化；加快信息服务平台建设，加强投资基础设施建设；进一步完善经济法律环境。此外。从创业者个人的角度看，为进一步提高新创企业的财务绩效，创业者应主动了解创业环境，积极发现与利用有利的创业环境来开展创业活动。

三、根据创业需要，合理选择有效创业战略

第八章的隐变量检验证明，创业战略对创业绩效存在显著的积极影响。由于不同的创业发展战略会带来不同的创业绩效，创业者创业时应当根据自身情况与创业环境，选择有效的创业战略。从具体的观察变量分析结果看，除创业行业对新创企业财务绩效的影响不太显著

外，创业方式、创业规模与市场导向都对新创企业的财务绩效存在显著的积极影响。因此，对一般的创业者而言，创业者应该更多地选择与他人合伙创设企业，以克服个人创业的某些局限性；如果有可能，创业者应该选择相对较大的投资规模，应更好地享有规模经济效益所带来的好处。对新创企业来说，专注于某一特定市场，并不利于改善企业绩效。关于创业行业与新创企业财务绩效关系的分析表明，创业行业对新创企业财务绩效的影响虽然不是很显著，但确实存在较大程度的积极影响。与制造业相比，服务性行业的创业活动相对取得了更好的财务绩效。因此，对创业者来说，合适的创业战略可能是：在服务性行业内，与他人合伙投资，建立较大规模的、针对广泛市场的新创企业，以获取较为理想的创业绩效。

第四节　研究的不足与展望

一、研究的不足

本书通过长期的实地调查，获取了一定数量的有效样本数据，并利用样本数据对假设模型进行了检验，得出了一些重要结论。但从研究实施的过程与具体研究结果看，还存在一些问题与不足。主要表现在以下三个方面：

（1）由于本书的研究恰逢全球性的金融危机与经济危机的蔓延，危机对企业绩效的影响，在很大程度上会影响到本书的分析结论，尤其是基于对新创企业财务绩效的分析结论。

（2）本书所选择的研究样本基本上都是来自江苏省，因而样本具有典型的地域性特征，同样也就具有典型的地域性局限，有关本书的结论，并不能够被外推至其他地区。而且，由于缺乏其他区域的样本，因而本书并没有进行区域样本的比较分析，没有深入研究区域性特征对创业的影响。

（3）基于本书所涉及问题的复杂性，没有能够把所有的研究问题都转换为标准的 5 级 Likert 量表来进行测量；题项的多重结构在一定程度上会影响到数据分析的质量。

二、研究展望

本书的研究显然并不能穷尽与研究内容有关的所有工作，无论如何，本书只能够被看做相关研究进一步开展的一个起点。本书的写作，在一定程度上是为了起到一个抛砖引玉的作用。为了进一步完善本书的相关研究工作，继续开展以下研究是必要的。

（1）开展正常经济条件下的相关研究。由于本书是在全球金融危机与经济危机背景下完成的，因而结论不具备一般性；尽管常规经济环境可能也支持本研究的主要结论，但更一般性的结论需要在常规经济环境中来获取。

（2）开展区域创业活动研究，以比较区域创业的差异性，以及区域差异对创新绩效的影响。区域经济发展的不平衡，在很大程度上与区域创业能力的差异存在密切关系；研究区域创业活动，将对区域经济的发展具有积极意义。

（3）开展社会资本对具体产业领域创业活动与创业绩效的影响研究。不同产业的产业特征，不可避免地会影响到社会资本作用的发挥，继续深入开展有针对的产业研究，有利于深入了解社会资本作用在不同产业领域的差异，从而针对产业发展提出更有针对性的建议。

附录 研究问卷

创业绩效影响因素实证研究调查问卷

您好，我们是中国社会科学院工业经济研究所博士后研究项目《创业绩效影响因素实证研究》课题小组的研究成员。根据课题研究的需要，需要您协助提供如下一些重要的研究资料，请您按照要求认真、如实完成下列问卷的填写。我们承诺，本次调查所获得的相关资料，将不会提供给任何第三方，也不会被用于其他的分析目的，更不会被用于公开出版。

非常感谢您能给我们的研究提供所需资料，感谢您对本次调查的配合！

R 个人社会网络参与程度问题

R1 在您的常用通信录中，下列人员分别有多少？

A. 行政官员_____人

B. 一般公务员_____人

C. 金融机构中高层负责人_____人

D. 金融机构一般职员_____人

E. 企业中高层管理者_____人

F. 企业业务员 _____ 人

G. 技术研发人员 _____ 人

H. 其他人员 _____ 人

R2 上述人员中相互认识的比率有多大？_____ %

R3 上述人员中，哪一类人对您的创业帮助最大？_____

R4 上述人员中，哪一类人对您企业的发展帮助最大？_____

R5 您对您的上述社会关系资源的利用方式是_____。

A. 根据创业活动的需要来有选择性地利用既有的关系资源

B. 为开发利用创业机会，在利用既有资源的基础上积极发展了新的关系资源

C. 当时是被动地等待上述关系资源来支持自己的创业活动

T 创业能力调查

以下是一些问题的相关描述，其中 5 表示完全认同，1 表示完全不认同，请您根据自己对相关问题的具体认同程度进行回答。

序号	问题表述	认同程度				
		1	2	3	4	5
1	您在创业的时候可以全面获得创业所需要的知识					
2	您具有充分的判断分析能力					
3	当您有创业构想的时候，能够很容易地将创业构想付诸实施					
4	您在创业经营过程中，可以很好地获得企业生产运营所需要的各种资源					
5	您能快捷地获得创业所需要的信息					
6	您能有效地对所获得的创业信息做出分析判断					
7	在创业经营过程中，您能够很方便地与业务相关单位或同行建立关系，并在经营发展过程中获得它们的支持					
8	您创业所在地的人们认为创业者是值得尊重的人					
9	您创业所在地的人们不会嘲笑创业失败者					
10	您创业所在地的政府制定了创业发展所需要的、完善的创业扶持政策					
11	上述创业扶持政策发挥了很好的作用					
12	创业所在地的政府表现出很好的运行效率					
13	在您的社会关系网络中，存在一个愿意为创业提供帮助的关系网络					
14	您在创业发展过程中，能借助各种渠道获得所需要的资金					

Q 创业企业情况调查

Q1 您在哪一年创立了您的企业？ _____

Q2 您是自己独立创业，还是和朋友合伙创业？ _____

A. 自己独立创立了企业

B. 和朋友合伙创立了企业

Q3 您的企业所从事的行业是_____。

A. 日常工业品和小五金类产品

B. 资本或密集型制造企业

C. 房地产企业

D. 批发、贸易企业

E. 零售企业

F. 运输、流通类企业

G. 餐饮、旅游、资讯、培训与咨询等服务性行业

H. 金融、电信、国民教育等服务性行业

I. 其他

Q4 您的企业的年度经营总额是_____。

A. 500 万元以下   B. 501 万~5000 万元

C. 5001 万~10000 万元   D. 10001 万元以上

Q5 您的企业 2008 年的盈利状况是_____。

A. 很好   B. 一般

C. 不亏不盈   D. 亏损

Q6 您的企业 2009 年的盈利状况是_____。

A. 很好   B. 一般

C. 不亏不盈   D. 亏损

Q7 您的企业的市场范围是_____。

A. 针对国际市场，以出口为主

B. 针对国内市场，以内销为主

C. 没有明确的市场定位

E 创业者个人信息收集

E1 创业者的性别是_____。

A. 男性 　　　　　　　　　B. 女性

E2 请问您的年龄是_____。

A. 30 岁以下 　　　　　　　B. 31~45 岁

C. 45~60 岁 　　　　　　　D. 61 岁以上

E3 请问您创业前的学历是_____。

A. 初中及以下 　　　　　　B. 高中与中专

C. 大专与本科 　　　　　　D. 本科以上

E4 请问您是_____。

A. 在家乡所在地创业 　　　B. 在非家乡所在地创业

E5 请问您企业所在地是_____。

参考文献

边燕杰、丘海雄:《企业的社会资本及其功效》,《中国社会科学》2000 年第 2 期。

曹廷求、孙文样、于建霞:《资本结构、股权结构、成长机会与公司绩效》,《南开管理评论》2004 年第 1 期。

常冠群:《基于能力的资源获取与创业绩效关系研究》,博士学位论文,吉林大学,2009 年。

陈东娇、周兴:《创业管理研究的起源及走向》,《企业改革与管理》2007 年第 11 期。

陈德智:《创业战略选择》,《大连理工大学学报》(社会科学版),2001 年第 4 期。

陈高生:《转型期中国企业家特征对企业创业的影响》,《经济理论与经济管理》2008 年第 6 期。

陈浩义、葛宝山:《基于创业者资源禀赋的新创企业战略选择研究》,《改革与战略》2008 年第 3 期。

陈震红、董俊武:《创业风险的来源和分类》,《财会月刊》,2003 年第 B12 期。

陈忠卫、王志成:《基于社会资本视角的企业成长模式研究》,《科技创业》2006 年第 4 期。

陈忠卫、郝喜玲:《创业团队企业家精神与公司绩效关系的实证研究》,《管理科学》2008 年第 1 期。

崔启国：《基于网络视角的创业环境对新创企业绩效的影响研究》，博士学位论文，吉林大学，2007 年。

丁和才：《社会资本与战略匹配的选择对企业绩效的影响研究》，博士学位论文，浙江工业大学，2007 年。

樊平：《社会流动与社会资本——当代中国社会阶层分化的路径分析》，《江苏社会科学》2004 年第 1 期。

方世建、刘松：《国际创业研究 25 年：主题演进与学者群体》，《科学学与科学技术管理》2008 年第 9 期。

冯华、杜红：《创业胜任力特征与创业绩效的关系分析》，《技术经济与管理研究》2005 年第 6 期。

高婧、杨乃定、祝志明：《基于社会资本理论的西部地区项目投资环境风险研究》，《中国软科学》2006 年第 2 期。

耿新：《企业家社会资本对新创企业绩效影响研究》，博士学位论文，山东大学，2008 年。

郭海：《监督机制、企业家创业能力与绩效关系研究》，《商业经济与管理》2010 年第 6 期。

郭进青：《民营企业创业团队合作行为与绩效关系研究——晋江创业模式初探》，博士学位论文，浙江大学，2004 年。

何大军：《高层管理团队社会资本对企业多元化战略与绩效的影响》，博士学位论文，复旦大学，2008 年。

胡怀敏、范倜：《社会资本视角下的女性创业》，《经济论坛》2006 年第 21 期。

胡望斌、张玉利、牛芳：《我国新企业创业导向、动态能力与企业成长关系实证研究》，《中国软科学》2009 年第 4 期。

黄海燕、刘霞：《基于 ISM 模型的新企业创业风险分析》，《财会月刊》（理论版）2008 年第 6 期。

贾延红、张忠德：《区域社会资本在区域创新系统中的动力作用》，《西安工程大学学报》2008 年第 2 期。

蒋乃平：《创业能力形成的动因、前提和基础》，《职教通讯》1999 年第 2 期。

江三良：《创业氛围：不同地区企业创生行为差异新解》，《安徽大学学报》（哲学社会科学版）2009 年第 2 期。

姜彦福、张帏主编：《创业管理学》，清华大学出版社 2005 年版。

李良成：《新创科技企业创业战略与创业绩效的关系实证分析》，《现代财经》2007 年第 3 期。

李乾文：《公司创业导向的差异分析——基于环渤海地区企业所有权差异的实证研究》，《科学学研究》2007 年第 4 期。

李霞等：《社会资本对企业创业导向和创业绩效的中介效应》，《经营与管理》2007 年第 6 期。

李志能、郁义鸿、罗博特·希斯瑞克主编：《创业学》，出版社复旦大学 2000 年版。

李作战：《企业社会资本、创业导向和创业绩效关系研究》，博士学位论文，暨南大学，2010 年。

李新春、何轩、陈文婷：《战略创业与家族企业创业精神的传承——基于百年老字号李锦记的案例研究》，《管理世界》2008 年第 10 期。

李新功：《社会资本理论与区域技术创新》，中国经济出版社 2007 年版。

李心丹：《行为金融——理论与中国的证据》，上海三联出版社 2003 年版。

林南：《建构社会资本的网络理论》，《国外社会学》2002 年第 2 期。

林剑：《社会网络视角下的创业融资》，《上海金融》2006 年第 7 期。

林嵩：《创业战略：概念、模式与绩效提升》，中国财政经济出版社 2007 年版。

刘常勇、谢如梅：《创业管理研究之回顾与展望：理论与模式探讨》，（中国台湾）《创业管理研究》2006 年第 1 期。

刘兴国:《社会资本与企业发展》,《华东经济管理》2008 年第 3 期。

刘兴国、沈志渔:《基于资本来源差异的创业比较研究》,《比较管理》2009 年第 2 期。

刘兴国:《社会资本对创业的影响研究》,《中国科技论坛》2009 年第 4 期。

刘兴国、沈志渔、周小虎:《社会资本对我国民营企业创业行为的影响》,《经济管理》2009 年第 6 期。

刘湘琴、章仁俊:《创业及创业风险研究视角述评》,《商场现代化》2008 年第 31 期。

柳燕:《创业环境、创业战略与创业绩效关系的实证研究》,博士学位论文,吉林大学,2007 年。

路风、慕玲:《本土创新、能力发展和竞争优势》,《管理世界》2003 年第 12 期。

罗志恒:《创业能力与企业绩效间的转化路径实证研究》,博士学位论文,吉林大学,2009 年。

马庆国:《中国管理科学研究面临的几个关键问题》,《管理世界》2002 年第 8 期。

孟晓晨、赵星烁、买买提江:《社会资本与地方经济发展:以广东新会为例》,《地理研究》2007 年第 2 期。

裴志军:《区域社会资本的维度及测量——基于浙江省县域的实证》,《统计与决策》2010 年第 9 期。

秦志华、刘艳萍:《商业创意与创业者资源整合能力拓展——白手起家的创业案例分析及理论启发》,《管理世界》2009 年第 S1 期。

房路生、顾颖、张晓宁:《企业家社会资本与企业创业绩效关系——基于陕西省经验的实证分析》,《生态经济》2010 年第 4 期。

秦志华、赖晓:《从商业创意出发理解创业研究的特征》,《管理学报》2010 年第 2 期。

沈超红、罗亮:《创业成功关键因素与创业绩效指标研究》,《中南大学学报》(社会科学版) 2006 年第 2 期。

孙尚拱:《医学多变量统计与统计软件》,北京医科大学出版社 2000 年版。

田虹、礼丹萌:《企业家社会资本对企业绩效的影响研究》,中国社会学年会论文,西安,2009 年 7 月。

田晓明、蒋勤峰、王重鸣:《企业动态能力与企业创业绩效关系实证研究——以 270 家孵化企业为例分析》,《科学学研究》2008 年第 4 期。

王一军、王筱萍、林嵩:《创业战略的维度构建概念内涵及发展模式》,《江西财经大学学报》2009 年第 3 期。

巫景飞等:《高层管理者政治网络与企业多元化战略:社会资本视角——基于我国上市公司面板数据的实证分析》,《管理世界》2008 年第 8 期。

吴健辉、黄志坚、俞红莲:《社会资本与农村致富带头人能力形成的关系》,《安徽农业科学》2008 年第 30 期。

吴军民:《行业协会的组织运作:一种社会资本分析视角——以广东南海专业镇行业协会为例》,《管理世界》2005 年第 10 期。

夏公喜等:《南京市农民创业的现状分析与对策建议》,http://www.njjx.gov.cn/www/njjx/2009/ dycg-mb_a3909081243579.htm,2009 年 8 月 12 日。

谢竹云、茅宁、赵成国:《创业行为、动态能力与组织绩效》,《现代管理科学》2009 年第 2 期。

徐进:《中小企业创业者学习模式及其绩效影响研究》,博士学位论文,浙江大学,2008 年。

徐晓:《我国青年就业创业的理论和实践》,中国共青团网,http://www.ccyl.org.cn/zhuanti/tgjyz/xxcl/201001/t20100112_327678.htm,2010 年 1 月 12 日。

薛红志:《试论竞争战略对创业导向——绩效关系的影响》,《外国经济与管理》2005 年第 12 期。

薛红志:《创业导向、战略模式与组织绩效关系研究》,《经济理论与经济管理》2006 年第 3 期。

薛红志、张玉利、杨俊:《机会拉动与贫穷推动型企业家精神比较研究》,《外国经济与管理》2003 年第 6 期。

杨俊、张玉利:《社会资本、创业机会与创业初期绩效理论模型的构建与相关研究命题的提出——基于关键要素互动过程视角的实证研究》,《外国经济与管理》2008 年第 10 期。

易朝辉:《资源整合能力、创业导向与创业绩效的关系研究》,《科学学研究》2010 年第 5 期。

殷洪玲:《企业家社会资本对其创业能力的影响研究》,博士学位论文,吉林大学，2009 年。

中国私有企业主阶层研究课题组:《我国私有企业的经营状况与私有企业主的群体特征》,《中国社会科学》1994 年第 4 期。

张厚义:《私营企业主是中国社会阶层结构的重要组成部分》,载陆学艺主编:《当代中国社会阶层研究报告》，社会科学文献出版社 2002 年版。

张映红:《动态环境对公司创业战略与绩效关系的调节效应研究》,《中国工业经济》2008 年第 1 期。

张玉利、杨俊:《企业家创业行为调查》,《经济理论管理》2003 年第 9 期。

张玉利、杨俊:《企业家创业行为的实证研究》,《经济管理》2003 年第 20 期。

张振华:《创业团队胜任力结构与创业绩效的关系研究》,《当代经济研究》2009 年第 12 期。

赵都敏:《社会网络视角在创业研究中的进展》,《科学学与科学技术管理》2008 年第 9 期。

赵海林、郑垂勇:《创业投资中道德风险防范机制的探讨》,《经济师》
2004 年第 2 期。

周奎君:《论社会资本与创业道路的选择》,《沿海企业与科技》2006 年第
8 期。

周劲波:《创业团队行为与创业绩效关系研究》,《首都经济贸易大学学
报》2009 年第 5 期。

朱仁宏、陈灿:《创业研究前沿理论发展动态》,《当代经济管理》2005 年
第 1 期。

朱秀梅:《资源获取、创业导向与新创企业绩效关系研究》,《科学学研
究》2008 年第 6 期。

[意大利] 普特南:《使民主运转起来》,王列、赖海榕译,江西人民出
版社 2001 年版。

Aldrich H. E. and Reese P. R., *Does Networking Pay off? A Panel Study
of Entrepreneurs in the Research Triangle*, Wellesley, MA: Babson
College, 1993.

Aldrich H. and Zimmer C., "Entrepreneurship through Social Networks. In
D. Sexton and R. Smiler, eds". *The Art and Science of En-
trepreneurship*. Ballinger: Cambridge MA, 1986.

Barney J. B., "Firm Resources and Sustained Competitive Advantage",
Journal of Management, Vol.17, 1991.

Barney J. B., Clark D. and Alvarez S., "Where Does Entrepreneurship
Come from? Network Models of Opportunity Recognition and Resource
Acquisition with Application to the Family Firm", *Paper Presented at
the Theories of the Family Enterprise Conference*. University of
Pennsylvania, Philadelphia, 2003.

Bateman T. S. and Crant J. M., "The Proactive Component of Organizational

Behavior: A Measure and Correlates", *Journal of Organizational Behavior*, Vol.14, No.2, 1993.

Bergmann Lichtenstein B. M. and Brush C. G., "How Do 'Resource Bundles' Develop and Change in New Ventures? A Dynamic Model and Longitudinal Exploration", *Entrepreneurship: Theory and Practice*, Vol.25, No.3, 2001.

Birley S., "The Role of Networks in the Entrepreneurial Process", *Journal of Business Venturing*, No.1, 1985.

Brown Jonathan and Rose Mary B., *Entrepreneurship, Networks and Modern Business*, Manchester and New York: Manchester University Press, 1993.

Burt R. S., *Structural Holes: The Social Structure of Competition*. Cambridge, MA: Harvard University Press, 1992.

Burt R. S., "The Network Structure of Social Capital", In Sutton R. L., Straw B. M., Eds. *Research in Organizational Behavior*, JAI Press, Greenwich CT, 2000.

Bygrave and Hunt S. A, *Global Entrepreneurship Monitor: 2004 Financial Repor*. Babson Park, MA: Babson College, 2005.

Carolis D. M. D. and Saparito P., "Social Capital, Cognition and Entrepreneurial Opportunities: A Theoretical Framework", *Entrepreneurship Theory and Practice*, No.1, 2006.

Casson M., *The Entrepreneur: An Economic Theory*, Totowa: Barnes and Noble Books, 1982.

Chandler G. N. and Hanks S. H., "Market Attractiveness, Resource-Based Capabilities, Venture Strategies, and Venture Performance", *Journal of Business Venturing*, No.4, 1994.

Chandler G. N., Honig B. and Wiklund J., "Antecedents, Moderators and

Performance Consequences of Membership Change in New Venture Teams", *Journal of Business Venturing*, Vol.20, No.5, 2005.

Chrisman J. J., Bauerschmidt A. and Hofer C. W., "The Determinants of New Venture Performance: An Extended Model", *Entrepreneurship Theory and Practice*, Vol.23, No.1, 1998.

Christensen and Peterson, *Opportunity Identification: Mapping the Sources of New Venture Ideas*, Aarhus: Institute of Management, University of Aarhus, 1990.

Coase R. H, *The Firm, the Market, and the Law*, Chicago: The University of Chicago Press, 1988.

Cooper A. C. and Artz K. W., "Determinants of Satisfaction for Entrepreneurs", *Journal of Business Venturing*, Vol.10, No.6, 1995.

Cooper A. C., Woo C. Y. and Dunkelberg W. C., "Entrepreneurs, Perceived Chances for Success", *Journal of Business Venturing*, Vol.3, No.2, 1988.

Covin J. G. and Slevin D. P., "A Conceptual Model of Entrepreneurship as Firm Behavior", *Entrepreneurship Theory and Practice*, No.1, 1991.

D'Arcy and Giussani, "Local Economic Development: The Role of the Development Ethos", Paper Presented at the 33th European Congress, Regional Science Association, Moscow, Russian Federation, 24-27. August 1993.

Davidsson and Honig, B., "The Role of Social and Human Capital among Nascent Entrepreneurs", *Journal of Business Venturing*, Vol.18, No.3, 2003.

Dollingers M. J., *Entrepreneurship: Strategies and Resources*, Prentice Hall, 2003.

Granovetter M. S., "The Economic Sociology of Firms and Entrepreneurs", in Portes, Eds. *The Economic Sociology of Immigration*, New York: Russell Sage, 1995.

Granovetter M., "Economic Action and Social Structure: The Problem of Embeddedness", *American Journal of Sociology*, Vol.91, No.3, 1985.

Hansen Eric L., "Entrepreneurial Networks and New Organization Growth", *Entrepreneurship Theory and Practice*, No.4, 1995.

Hofer C.W. and Schendel D., *Strategy Formulation: Analytical Concepts*, West St Paul, 1978.

Honig Benson, "What Determines Success? Examining the Human, Financial, and Social Capital of Jamaican Microentrepreneurs", *Journal of Business Venturing*, No.13, 1998.

Ikenna Uzuegbunam, "Entrepreneurial Capabilities and Creative Destruction: An Analysis of Entrant Actions on Incumbent Capabilities", Present at SPRU 40th Anniversary Conference –The Future of Science, *Technology and Innovation Policy*, 2006.

Jonathan T. Eckhardt and Scott A. Shane, "Opportunities and Entrepreneurship", *Journal of Management*, Vol.29, No.3, 2003.

KaPlan R. S. and Norton D.P., *The Balanced Scorecard: Translating Strategy into Action*, Harvard Business School Press, 1996.

Krackhardt David and Jeffrey Hanson, "Informal Networks: The Company Behind the Chart", *Harvard Business Review*, Vol.71, No.4, 1993.

Kotler, *Marketing Management*, New Jersey: Prentice–Hall Inc., 2000.

Kourilsky M. L. and Walstad W. B., "Entrepreneurship and Female Youth: Knowledge, Attitudes, Gender Differences and Educational Practices", *Journal of Business Venturing*, Vol.13, No.1, 1998.

Lechner Christian and Michael Dowling, "Firm Networks: External Relationships as Sources for the Growth and Competitiveness of Entrepreneurial Firms", *Entrepreneurship and Regional Development*, No.15, 2003.

Lechler T., "Social Interaction: A Determinant of Entrepreneurial Team Venture Success", *Small Business Economics*, No.4, 2001.

Lee Choonwoo, Kyungmook Lee and Johannes M. Pennings, "Internal Capabilities, External Networks, and Performance: A Study on Technology–Based Ventures", *Strategic Management Journal*, Vol. 22, No.6/7, 2001.

Lerner Miri, Brush Candida and Hisrich Robert. "Israeli Women Entrepreneurs: An Examination of Factors Affecting Performance", *Journal of Business Venturing*, No.4, 1997.

Liao J. W. and Welsch H., "Social Captial and Entrepreneurial Growth Aspiration: A Comparison of Technology and Non–technology based Nascent Entrepreneurs", *Journal of High Technology Management Research*, Vol.14, No.1, 2003.

Lin N., Ensel W. M. and Vaughn J. C., "Social Resources and Strength of Ties: Structural Factors in Occupational Status Attainment", *American Sociological Review*, Vol.46, No.4, 1981.

Low Murray and Abrahamson Eric, "Movements, Bandwagons, and Clones: Industry Evolution and the Entrepreneurial Process", *Journal of Business Venturing*, No.12, 1997.

Low M. B. and MacMillan I. C., "Entrepreneurship: Past Research and Future Challenges", *Journal of Management*, Vol.14, No.2, 2001.

Lumpkin G. T. and Dess G. G., "Clarifying the Entrepreneurial Orientation Construct and Linking It to Performance", *Academy of Management*

Journal, No.1, 1996.

Lumpkin G. T. and Gregory G. Dess, "Linking Two Dimensions of Entrepreneurial Orientation to Firm Performance: The Moderating Role of Environment and Industry Life Cycle", *Journal of Business Venturing*, Vol.16, No.5, 2001.

Murphy G. B., Trailer J. W. and Hill R. C., "Measuring Performance in Entrepreneurship Research", *Journal of Business Research*, Vol.36, No.1, 1996.

Oviatt B. M. and MeDougall P. P., "Toward a Theory of International New Ventures", *Journal of International Business Studies*, Vol.25, No.1, 1994.

Peng Dajin, "Invisible Linkages: A Regional Perspective of East Asian Political Economy", *International Studies Quarterly*, No.3, 2002.

Penrose E. T. and Slater M., *The Theory of the Growth of the Firm*, Blackwell Oxford, 1980.

Portes A., "Social Capital: Its Origins and Applications in Modern Sociology", *Annual Review of Sociology*, Vol.24, No.1, 1998.

Schollhammer H., "Internal Corporate Entrepreneurship", in Kent C., Sexton D. and. Vesper K., Eds, *Encyclopedia Entrepreneurship*, Prentice-Hall Inc, 1982.

Porter M. E., *Competitive Advantage: Creating and Sustaining Superior Performance: With a New Introduction*, Free Press, 1998.

Ruping K. and von Zedtwitz M., "Risk Management in Incubators", In Lefebvre L, Khalil T., Mueller Haour G. and von Zedtwitz M., Eds. *Proceedings of the 10th IAMOT Conference*, Lausanne, March, 2001.

Samuelsson M., Creating New Ventures: A Longitudinal Investigation of the Nascent Venturing Process, Ph.D. Dissertation, Joenkoeping

International Business School, 2004.

Shane and Venkataraman, "The Promise of Entrepreneurship as a Field of Research", *The Academy of Management Review*, Vol.25, No. 1, 2000.

Shane and Cable, "Network Ties, Reputation, and the Financing of New Ventures", *Management Science*, Vol.48, No.3, 2002.

Slater, Stanley F. and John C. Narver, "The Positive Effect of a Market Orientation on Business Profitability: A Balanced Replication", *Journal of Business Research*, Vol.48, No.1, 2000.

Stam Wouter and Elfing Tom, "Entrepreneurial Orientation and the New Venture Performance: The Mediating Effect of Network Strategies", *The Academy of Management Journal*, Vol.51, No.1, 2008.

Stein Kristiansen, "Social Networks and Business Success: The Role of Subcultures in an African Context", *American Journal of Economics and Sociology*, Vol.63, No.5, 2004.

Tsai W.and Ghoshal S., "Social Capital and Value Creation: The Role of Intrafirm Networks", *Academy of Management Journal*, Vol.41, No. 4, 1998.

Uebasaran D. et al, "Entrepreneurial Founder Teams: Factors Associated with Member Entry and Exit", *Entrepreneurship: Theory and Practice*, Vol.28, No.2, 2003.

Wiklund Johan and Dean Shepherd, "Knowledge –Based Resources, Entrepreneurial Orientation and the Performance of Small and Medium–Sized Businesses", *Strategic Management Journal*, Vol.24, No.13, 2003.

Williamson, "*The Economic Institutions of Capitalism*", Free Press, 1985.

Yusuf A., "Environmental Uncertainty, the Entrepreneurial Orientation of Business Ventures and Performance", *International Journal of Commerce and Management*, Vol.12, No.3/4, 2002.

Zahra S. A. and Gaxvis D. M., "International Corporate Entrepreneur Ship and Firm Performance: The Moderating Effect of International Environmental Hostility", *Journal of Business Venturing*, Vol.15, No.5/6, 2000.

索　引

C

W

X

Y

Z

后 记

　　本人自 2008 年夏天进入中国社会科学院工业经济研究所博士后流动站开始研究工作以来，在所领导、合作导师的关心与支持下，在工业经济研究所其他博士后研究人员的帮助下，取得了一些研究成果，并顺利完成了博士后基金与博士后出站报告的研究工作，在此，对所有给予我帮助的领导与朋友一并表示最真挚的谢意！

　　首先，要感谢的是我的博士后合作导师沈志渔研究员。如果没有沈老师的关心与支持，我可能不会来到工业经济研究所从事博士后研究工作；在流动站内，无论是在工作上还是在生活上，沈老师都给予我很多的关心与帮助。进站以来，通过和沈老师在科研课题与学术研究上的合作，无论是在科研精神上还是在学术水平上，我都得到了很多的教诲，这些都将对我今后进一步的学习与研究产生重要的影响。在博士后出站报告的撰写上，沈老师一直都给予了我耐心的指导与支持，使我最终顺利完成了博士后研究工作。

　　其次，要感谢航燕和我 MBA 班的学生对我研究工作的支持。本书建立在大量问卷访谈的基础之上，仅靠我一个人的力量，很难在短期内完成必要的问卷访谈工作。正是他们的热心帮助，使我可以顺利地收集到足够的研究问卷，从而为本书的完成奠定了重要的数据基础。

最后，要感谢中国博士后基金会对本书的支持。进站以后，我获得了第 45 批中国博士后基金课题的立项支持；正是基于这笔经费的支持，我才能把我的出站研究报告建立在定量研究的基础之上。

刘兴国

2012 年 9 月